Collection Alternatives
5 rue Gaston-Gallimard Paris VIIe – 2025
www.editionsalternatives.com

La société des besoins

Comment passer du superflu au suffisant ?

CÉCILE DÉSAUNAY

manifestô
ALTERNATIVES

Pour Iris, Gaïa, ma famille et Benoît,
qui m'aident à me rappeler ce qui est essentiel.

« Écrivez-nous de quoi vous avez besoin, on vous expliquera comment vous en passer ». Coluche, *L'Étudiant.*

Sommaire

Introduction

Pourquoi les choses occupent-elles autant de place dans nos vies ? Pourquoi consacrons-nous toujours plus de temps à accumuler des objets qui finiront recouverts de poussière sur une étagère ou dans une cave ? Voilà maintenant plus de 10 ans que ces questions me taraudent, sur le plan aussi bien personnel que professionnel. Après avoir moi-même profondément repensé mon rapport à la consommation, puis avoir étudié les pratiques de consommation des Français, j'y ai consacré, en 2021, un premier ouvrage[1]. J'y montrais que la société de consommation telle que nous la connaissons aujourd'hui n'est peut-être qu'une parenthèse à l'échelle de notre histoire. Car de nombreux signaux indiquent que nous ne pourrons plus et, je l'espère, que nous ne souhaiterons plus continuer à faire tourner nos vies et nos sociétés autour des objets.

Depuis cet essai, j'ai continué à scruter nos comportements, et mes analyses se sont à la fois renforcées et confirmées. Plus que jamais, toutes les données concordent pour montrer que le modèle consumériste actuel nous conduit à une impasse, et qu'il devient donc indispensable d'en sortir. Pas uniquement pour des raisons écologiques, mais aussi parce que ce modèle devient une source de frustration et de mal-être pour un nombre croissant de personnes. Je rappelle aussi, au début de ce nouvel opus, que les Français continuent certes à consommer un peu plus chaque année, mais cette croissance est beaucoup moins rapide qu'il y a 10 ou 20 ans. Ils commencent même à réduire leurs achats de vêtements et de viande. Cette entrée progressive dans la déconsommation matérielle s'explique par quatre facteurs particulièrement structurants : le vieillissement de la population, la saturation des ménages en équipements, leurs contraintes

1 *La société de déconsommation*, Paris, éditions Alternatives, 2021.

financières et leurs critiques croissantes envers le consumérisme. Des moteurs que j'avais étudiés dans le premier ouvrage, et dont je rappellerai ici brièvement le rôle et les évolutions récentes.

Néanmoins, nous ne sommes toujours pas complètement sortis de la société de consommation, devenue, plus que jamais, celle des extrêmes. D'un côté, les entreprises rivalisent de surenchères pour inciter les consommateurs à continuer à acheter des produits toujours moins chers, toujours plus innovants, toujours plus indispensables. De l'autre, de plus en plus d'acteurs dénoncent les impacts environnementaux de nos modes de vie, mais aussi les inégalités qu'ils engendrent.

Ces tensions sont particulièrement visibles dans le secteur de l'habillement. Entre 2023 et 2024, les ventes en valeur du groupe chinois d'ultra-fast fashion Shein ont augmenté de près de 60 %[2]. Shein est devenue l'enseigne de mode pour laquelle les Français ont le plus dépensé en 2024, mais aussi le symbole d'une industrie misant sur le bas de gamme, le gaspillage et ignorant totalement les impacts environnementaux et humains de ses activités. En parallèle, des influenceuses de Tiktok, dont l'activité repose souvent sur la surconsommation de vêtements, revendiquent fièrement de ne plus rien acheter de superflu pendant un an (no buy challenge) et font de longues vidéos pour vanter les mérites des vêtements qu'elles chérissent depuis des années au lieu d'en acheter de neufs (tendance du *underconsumption core*, que l'on pourrait traduire par « l'esprit de la déconsommation »).

Autre exemple : le secteur de l'aviation : en 2024 toujours, la compagnie aérienne Wizz Air a lancé un abonnement permettant de prendre l'avion « à volonté », pour 599 euros par an. À l'autre bout du spectre, l'ingénieur et auteur français Jean-Marc Jancovici propose de limiter le nombre de vols transatlantiques à quatre

2 « Pourtant critiquée, Shein devient l'enseigne de mode où les Français ont le plus dépensé en 2024 », *Le Figaro*, 27 janvier 2025. URL : www.lefigaro.fr/conso/pourtant-critiquee-shein-devient-l-enseigne-de-mode-ou-les-francais-ont-le-plus-depense-en-2024-20250127

par personne et par vie, afin de permettre à tous les humains de bénéficier de ce mode de transport, tout en respectant l'objectif de neutralité carbone à l'horizon 2050[3].

Et si ces tensions entre le toujours plus et le toujours mieux étaient l'occasion de nous interroger sur nos besoins ? Car ce sont bien eux qui sont au centre de l'équation. Là aussi, mes questionnements étaient d'abord personnels. Comment répondre à mes filles lorsqu'elles me supplient de leur acheter un énième gadget qui manque à leur collection ou que leurs copains arborent fièrement pendant la récréation ? Comment résister moi-même à l'achat d'un [complétez ici avec l'objet de votre choix, surtout s'il s'agit d'un livre ou d'un vêtement] proposé à un euro sur un site de revente entre particuliers ? Et comment redonner davantage de place, au quotidien, aux moments passés ensemble, à la nature qui nous entoure ; en bref, à tout ce qui n'a pas (encore) de prix et qui nous apporte pourtant bien plus ? Si on nous incite à consommer toujours plus, c'est au nom de besoins, souvent matériels, prétendument infinis. La consommation relèverait donc d'une nécessité. Mais selon qui ? Comment ce triptyque besoins infinis/consommation matérielle/bonheur a-t-il pu s'imposer à ce point dans nos vies et nos imaginaires ? Et surtout, comment a-t-il pu nous conduire à faire passer en priorité des intérêts économiques, au détriment de dimensions pourtant beaucoup plus essentielles, comme notre bien-être, notre santé et celle des écosystèmes dont nous dépendons ? En d'autres termes : de quoi avons-nous réellement besoin pour bien vivre en tant qu'individus, mais aussi en tant que société, tout en préservant les ressources qui nous entourent ? Ce sont ces questions qui ont motivé cet essai.

---

3 Post de Jean-Marc Jancovici, avril 2025. URL : www.linkedin.com/posts/jean-marc-jancovici_ % C3 % A9dito-quota-de-4-vols-en-avion-dans-une-activity-7070390844230397952-bapi/?originalSubdomain=fr

La première partie de l'ouvrage analyse ainsi la manière dont nos besoins pourraient évoluer à l'avenir, avec l'idée que nous pourrions les remettre au centre de nos modes de vie, notamment les plus immatériels.

Je propose donc de remplacer la société de consommation par celle des besoins. Tout comme mon premier ouvrage qui se concluait par un appel à la sobriété, celui-ci n'est pas uniquement militant. À titre personnel, je considère évidemment le consumérisme comme une absurdité et un danger. Cependant, il ne s'agit pas ici seulement de démontrer que la sortie de ce modèle constitue une nécessité collective, mais qu'il existe un autre horizon: permettre à chacun de satisfaire ses besoins essentiels sans compromettre la capacité des autres à faire de même, ni la capacité des écosystèmes naturels à se régénérer.

Cela suppose de repenser nos besoins individuels et collectifs, afin de sortir une fois pour toutes du mythe de l'illimité entretenu par le capitalisme: si les ressources naturelles de la planète ne sont pas infinies, il en va de même pour nos besoins. Comment trouver alors le juste équilibre entre réponse à nos besoins et limitation des impacts?

De la même manière qu'une vitesse maximale est imposée sur les routes au nom de la sécurité routière, un certain nombre de limites pourraient ainsi être fixées démocratiquement à des pratiques objectivement néfastes pour l'environnement, mais aussi, parfois, pour notre cohésion sociale. Dans cette nouvelle société, l'offre commerciale de Wizz serait tout simplement interdite, puisqu'elle ne bénéficie qu'à une minorité privilégiée, alors que ses impacts sont disproportionnés.

Mais plutôt que d'adopter des interdictions pures et simples, risquant d'être considérées comme arbitraires et liberticides, je propose d'identifier des « fourchettes de besoins », c'est-à-dire des seuils minimaux de satisfaction des besoins, puis de déterminer également des seuils maximaux, compatibles avec ceux de notre société et de nos écosystèmes. Je m'appuie pour cela sur la théorie du donut de Kate Raworth, qui considère que l'économie doit respecter à la fois les besoins fondamentaux des individus et les limites planétaires.

L'identification de ces fourchettes ou couloirs ne va évidemment pas de soi : elle suppose de tenir compte de la diversité des contextes, notamment culturels, des situations personnelles… C'est pourquoi les analyses proposées ici sont volontairement centrées sur la France, afin que les analyses et les propositions soient les plus pertinentes possibles. Un certain nombre d'entre elles peuvent néanmoins être appliquées à d'autres pays européens : la majorité des besoins humains sont en effet universels, même si le degré de satisfaction peut dépendre de caractéristiques individuelles ou sociales.

Se posera aussi la question du rôle des acteurs publics et privés pour accompagner les individus dans les réponses à ces besoins. Dans tous les cas, le présupposé de cet ouvrage est que la place donnée à la marchandisation des besoins devra nécessairement diminuer, afin que les intérêts du système économique ne prédominent plus sur ceux des individus, des sociétés et des écosystèmes.

Mon objectif n'est évidemment pas d'apporter des réponses définitives à ces enjeux particulièrement complexes, mais de contribuer aux débats actuels sur la transition écologique par un prisme alternatif. Il s'agit également d'insister sur deux points essentiels : la place du collectif et des imaginaires dans ces transformations.

D'une part, les transformations des modes de vie ne peuvent résulter des simples efforts des individus. Car si nos besoins dépendent en partie de la société dans laquelle nous vivons, il en va de même du contexte nous permettant d'y répondre. Ainsi, à moins d'habiter dans l'hypercentre d'une grande ville, les Français peuvent avoir besoin d'une voiture individuelle thermique pour leurs déplacements quotidiens. Car nos territoires, nos modes de vie et nos imaginaires se sont construits, depuis une soixantaine d'années, autour de ce référentiel. Les injonctions de plus en plus nombreuses à renoncer à ce mode de déplacement ne dépendent donc pas uniquement de la bonne volonté des Français. Pour passer à la voiture électrique, ils auront besoin d'aides financières, d'infrastructures de recharge adaptées, mais aussi d'informations pertinentes sur les usages de ces véhicules. Et il en va de même s'ils décident de se déplacer davantage en transports en commun, en vélo, à pied... ou même de moins se déplacer.

D'autre part, sortir de la société de consommation ne constitue pas forcément une perspective effrayante. Au contraire, il peut s'agir d'une opportunité pour accorder enfin moins d'importance à nos besoins matériels et aux frustrations qu'ils génèrent, pour réapprendre à valoriser ce qui n'a pas (encore) de prix sur le marché, mais correspond pourtant à des nécessités bien plus fondamentales.

La sortie de la société de consommation est déjà en cours. Nous devons en effet admettre que notre société et notre économie ont fini de « grandir », et entrent progressivement dans une phase de stabilisation. Toute la question est donc de savoir si cet atterrissage se fera en douceur et permettra ou non l'entrée dans une nouvelle ère plus durable pour notre société et la planète. Ceci supposera de transformer notre « pyramide collective » des besoins, afin que ceux de l'économie ne soient pas considérés comme supérieurs à ceux des individus et des écosystèmes. En bref, sortir du piège du superflu pour construire la société du suffisant.

PARTIE 1

La déconsommation : et si on y était déjà ?

EN 2022 et 2023, la France a enregistré, comme tous les pays européens, des taux records d'inflation, pour la première fois depuis 40 ans. Or, assez logiquement, cette augmentation des prix a entraîné un repli presque symétrique de la consommation des ménages, principalement pour l'énergie et l'alimentation. Ainsi, les prix de l'alimentation ont crû de 12 % en 2023 et ceux de l'énergie, de 23 %[1]. En réponse, les ménages ont réduit leurs dépenses alimentaires de 8 % entre juillet 2022 et juillet 2023[2].

En 2024, l'inflation est retombée à 2 % en moyenne ; pourtant, la consommation des ménages en volume, en juin 2024, était équivalente à celle enregistrée en 2015[3]. Elle croît désormais moins vite qu'en 2019 et semble stabilisée sur une nouvelle dynamique[4]. Cette chute mérite donc d'être analysée, afin de comprendre pourquoi elle n'est pas uniquement conjoncturelle, mais révélatrice au contraire de tendances très structurantes au sein de la société française, qui pourraient se poursuivre à l'avenir.

---

1 « La désinflation en bonne voie », note de conjoncture INSEE, décembre 2023. URL : www.insee.fr/fr/statistiques/7735101?sommaire=7735143

2 « La consommation des ménages en biens augmente de 0,3 % en juillet 2023 », INSEE, août 2023. URL : www.insee.fr/fr/statistiques/7662762

3 « La consommation des ménages en biens baisse en juin 2024 (-0,5 %) », INSEE, juillet 2024. URL : www.insee.fr/fr/statistiques/8236539

4 « La consommation depuis la crise du Covid : une nette divergence d'évolutions entre valeur et volume », note de la Banque de France, 25 janvier 2025. URL : www.banque-france.fr/fr/publications-et-statistiques/publications/la-consommation-depuis-la-crise-du-covid-une-nette-divergence-devolutions-entre-valeur-et-volume

La consommation totale de biens en volume

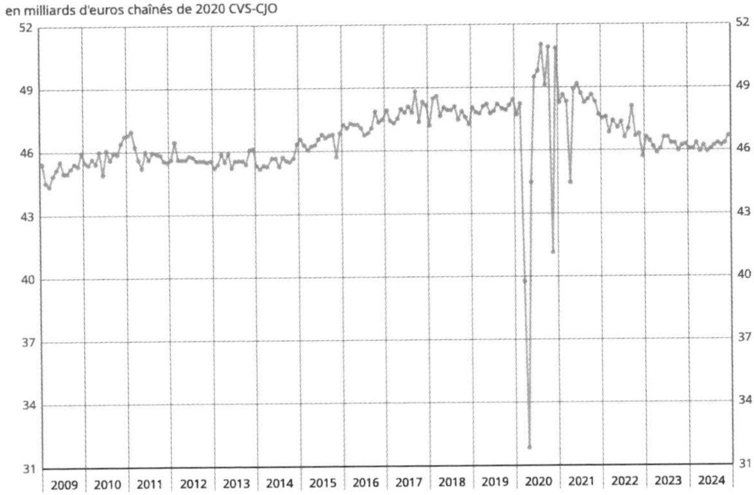

Source : www.insee.fr/fr/statistiques/8346302

Cette baisse de la consommation a directement concerné la grande distribution, qui reste le principal canal d'achat des ménages. En août 2023, le PDG de Carrefour alertait sur le «tsunami de déconsommation» subi par les Français[5]. En mars 2024, ce fut le tour de celui de Système U d'affirmer que la France entrait en déconsommation car, en dépit du ralentissement de l'inflation, ses clients n'avaient pas retrouvé leur niveau de consommation de 2021[6].

Au-delà de l'alerte de chefs d'entreprises voyant leurs ventes s'effondrer, ces discours sont révélateurs du fait que le ralentissement de la consommation n'est pas uniquement conjoncturel, mais bien le symptôme de l'entrée dans une nouvelle ère.

5 www.francetvinfo.fr/economie/inflation/video-inflation-le-pdg-de-carrefour-alerte-sur-le-tsunami-de-deconsommation-subi-par-les-francais_6031778.html

6 www.lefigaro.fr/conso/le-patron-de-systeme-u-alerte-sur-une-deconsommation-en-france-aujourd-hui-20240327

L'essoufflement d'un type de société

Pour bien comprendre les évolutions récentes de la consommation en France, il est indispensable de revenir, brièvement, sur la naissance de cette anomalie historique que constitue la société de consommation.

À la sortie de la Seconde Guerre mondiale, la France était à reconstruire, mais aussi à construire. La période a en effet été marquée par une conjonction inédite de facteurs : un besoin de relancer la machine économique, une forte croissance de la population et un faible taux d'équipement des ménages. S'y ajoutent des investissements colossaux de l'État ainsi que des progrès majeurs de la production industrielle. C'est dans ce terreau particulièrement fertile que naît la société de consommation. Sa finalité est la croissance perpétuelle de la consommation de biens et de services des ménages, afin de dynamiser la production des entreprises, et donc les productions de richesses et les créations d'emplois. La société de consommation repose donc sur l'idée que les besoins, notamment matériels, des individus, sont infinis, et qu'il est possible de les satisfaire grâce à des offres commerciales.

Des années 1950 aux années 1970, les fameuses Trente Glorieuses, la consommation des ménages augmentait en moyenne de 4 % à 6 % par an, tirée à la fois par la croissance du pouvoir d'achat et par une explosion de l'offre en biens et services pour des ménages jusqu'alors peu équipés. En 1950, moins de 1 % des ménages possédaient un poste de télévision, contre 80 % dans les années 1970.

Aujourd'hui, en France (comme dans la plupart des pays européens), la consommation représente environ 55 % du PIB, plus de 80 % du budget moyen des ménages, et une composante structurante des modes de vie et des imaginaires. Qui pourrait envisager de passer une année sans mettre les pieds dans un magasin, voir une publicité ou se faire livrer un colis ? Moins d'un siècle aura donc suffi pour convaincre les 68 millions de Français que la satisfaction de leurs besoins infinis conditionne leur bonheur. Et que, fort heureusement pour eux, ils vivent dans une société qui peut répondre à ces besoins insatiables, sous forme de marchandises surabondantes et sans cesse renouvelées. Version certes un peu caricaturale du grand récit de notre société, mais pas tant que ça. Mais nous sommes peut-être arrivés à la fin de cette belle histoire.

En effet, ces taux de croissance exceptionnels semblent bien loin : depuis une dizaine d'années, l'évolution de la consommation des ménages est beaucoup plus faible, puisqu'elle est comprise en moyenne entre 0 % et 2 % par an (en excluant les années 2020 et 2021).

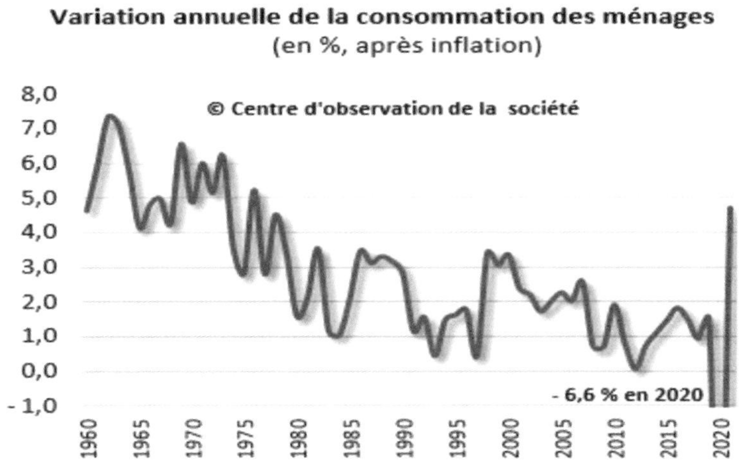

Source : Centre d'observation de la société, données INSEE, 2024.

Depuis 2021, un pic semble même avoir été atteint pour la consommation de biens, qui n'a pas repris sa croissance, contrairement à la consommation de services. Ces pics peuvent s'observer de façon très nette pour certains postes de consommation, parfois depuis 10 voire 20 ans. Ainsi, depuis 20 ans, les Français mangent moins de viande (même si une légère reprise s'observe depuis deux ans)[7], achètent moins de vêtements[8], de voitures neuves[9], et même de smartphones[10]. En conséquence, le poids de la consommation dans le PIB national commencerait déjà à diminuer depuis 10 ans[11].

Alors, comment expliquer que la magie de la société de consommation n'opère plus ? Quels sont les grains de sable (ou les cailloux) qui se sont pris dans le merveilleux engrenage et est-il possible de les enlever ? Ou faut-il carrément remplacer le modèle lui-même, victime de sa propre passion pour l'obsolescence programmée ?

La fin de la parenthèse enchantée en quatre actes

Quatre tendances particulièrement lourdes se cumulent pour remettre en cause les fondements même de cette période et réinterrogent par la même occasion notre rapport aux besoins.

7 I4CE, 2023. URL : www.i4ce.org/publication/reduction-consommation-viande-politiques-publiques-bien-loin-objectifs-durabilite-climat/

8 Syndex, 2024. URL : https://www.syndex.fr/actualites/actualite/2024-une-annee-charniere-pour-lhabillement

9 Fiches auto, 2025. URL : www.fiches-auto.fr/articles-auto/chiffres-de-l-auto/s-1202-voitures-d-occasion-vs-voitures-neuves.php

10 Canalys, 2025. URL : https://www.canalys.com/newsroom/europe-smartphone-market-q4-2024

11 La Finance pour tous, 2024. URL : www.lafinancepourtous.com/decryptages/finance-perso/revenus/consommation/consommation-des-menages/

Acte I. Une population vieillissante, dont les besoins sont déjà largement satisfaits

Si la consommation des Français ralentit, c'est en premier lieu parce qu'ils vieillissent. En effet, les plus âgés ont bénéficié de davantage de temps pour répondre à leurs besoins. Ainsi, 70 % des 70 ans ou plus sont propriétaires non-accédants de leur logement (ils n'ont pas de prêt immobilier), contre 5 % des 30-39 ans[12]. Par ailleurs, en vieillissant, et notamment après le départ en retraite, les individus connaissent aussi une diminution de certains de leurs besoins physiologiques et sociaux. Il est en effet logique d'acheter moins de vêtements, de meubles, de moins se déplacer... Les besoins caloriques tendent aussi à diminuer après 75 ans. Selon l'INSEE, les plus de 65 ans consomment 21 % de moins que la moyenne des Français, alors même qu'ils représentent 20 % de la population (6 points de plus qu'en 1990)[13].

Or, le vieillissement de la population va se poursuivre à l'avenir, avec notamment une augmentation du nombre de personnes très âgées (plus de 75 voire 80 ans). En 2070, selon l'INSEE, la France comptera près d'un tiers d'habitants âgés de 65 ans ou plus[14]. Ce facteur va donc mécaniquement continuer à tirer la consommation des ménages français à la baisse.

---

12 INSEE, 2019. URL: www.insee.fr/fr/statistiques/4238401?sommaire=4238781

13 Perrot M., Mathé T., Hébel P. & Robineau, D. (2012). Comment consomment les seniors?. Cahier de recherche NC296, CREDOC.; Herpin, N., & Michel, C. (2012). Avec le passage à la retraite, le ménage restructure ses dépenses de consommation.

14 INSEE, 2021. URL : www.insee.fr/fr/outil-interactif/5367857/details/20_DEM/21_POP/21F_figure6

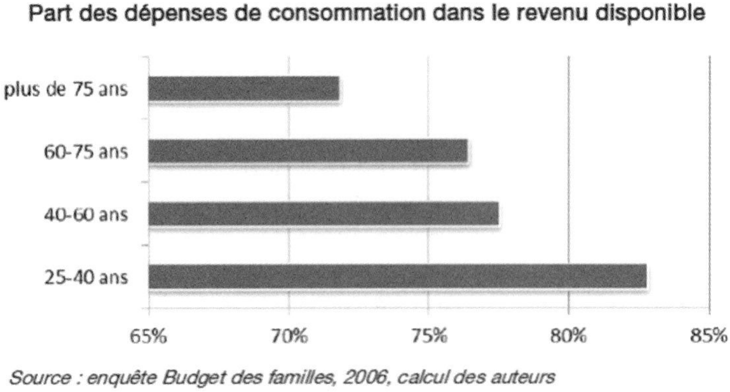

Source : https://www.senat.fr/rap/a14-305/a14-3051.html

Acte II. La saturation des besoins matériels

Le deuxième facteur de ralentissement de la consommation matérielle des ménages est leur saturation en biens matériels. En effet, les taux d'équipement atteignent désormais des plafonds pour la majorité des biens, puisque la société française a atteint un stade de développement économique permettant à l'essentiel de sa population de les acquérir. Ainsi, plus de 9 ménages sur 10 possèdent un lave-linge, une télévision, un frigo-congélateur et un téléphone portable, et presque autant pour les ordinateurs[15].

Autrement dit, le présupposé de départ de la société de consommation, celui d'une croissance infinie des besoins, est battu en brèche. La croissance des taux d'équipement était simple et relativement logique dans une société jeune, en croissance et faiblement équipée. Mais dans une société où la quasi-totalité des ménages possèdent désormais les équipements considérés comme indispensables, la croissance des achats n'est désormais tirée que par **trois leviers** qui, eux aussi, s'essoufflent durablement.

15 Crédoc, 2025. URL : www.credoc.fr/publications/barometre-du-numerique-edition-2025

1. Une croissance démographique ralentie

La croissance de la consommation s'explique avant tout par celle de la population. En effet, tant que la population augmente, il en va de même pour le nombre de bouches à nourrir, à loger, à habiller, à équiper…

Or, la population française croît de moins en moins vite, en lien avec la réduction du taux de fécondité (et en dépit des incitations politiques au « réarmement démographique). Au cours des dernières années, la population française a crû en moyenne de 0,3 % par an, contre 0,5 % en moyenne au cours des années 2010[16]. À partir de 2044, selon l'INSEE, elle pourrait même diminuer, si les tendances en matière de fécondité et d'espérance de vie se poursuivent, et en l'absence de croissance forte du solde migratoire[17]. Autrement dit, à cet horizon au plus tard, la consommation des ménages pourrait mécaniquement décroître, puisqu'il semble très peu probable qu'une population vieillissante et déjà largement équipée soit en capacité (y compris financière) de consommer suffisamment pour compenser ce déclin démographique.

Une tendance similaire s'observe pour le nombre de ménages : selon les projections de l'INSEE, il n'augmenterait que de 0,25 % par an entre 2030 et 2050, contre 0,7 % par an entre aujourd'hui et 2030[18].

Or, l'augmentation du nombre de ménages est un levier important de croissance de la consommation : à chaque fois qu'un jeune adulte quitte le domicile de ses parents, à chaque fois qu'un couple se sépare, un nouveau ménage se crée et doit trouver un logement, s'équiper en meubles, en électroménager, etc.

Là aussi, les inerties démographiques parlent d'elles-mêmes,

16 INSEE, 2024 et 2020. URL : www.insee.fr/fr/statistiques/4277615?sommaire=4318291 ; www.insee.fr/fr/statistiques/7750004.

17 INSEE, 2021. URL : www.insee.fr/fr/statistiques/5893969

18 INSEE, 2024. URL : www.insee.fr/fr/statistiques/7745319#graphique-figure1

et seront difficiles à inverser. Au contraire, l'INSEE envisage même une possible réduction du nombre de ménages, qui résulterait d'une diminution accélérée de la population, mais aussi de nouvelles pratiques de cohabitation. En effet, actuellement, près d'un quart des Français habite seuls et près d'un tiers à deux (couples ou familles monoparentales avec un enfant). Or, à l'avenir, les pratiques de cohabitation pourraient se développer (pour des raisons financières, mais aussi pour échapper à la solitude), et donc réduire d'autant le nombre de ménages et leurs besoins en équipements.

2. Le multi-équipement et le suréquipement

Le consumérisme repose intégralement sur l'idée que les besoins des individus sont infinis et donc que, dès qu'un besoin est temporairement satisfait, il laisse de la place à l'expression d'un nouveau. Si ce dernier n'est pas suffisamment explicite, le marketing et la publicité se chargeront de lui offrir le contexte favorable à sa manifestation. L'une des traductions les plus concrètes de cette artificialisation est le multi-équipement et le suréquipement. Pourquoi ne posséder qu'une seule télévision ou un seul smartphone quand on peut en avoir deux voire trois ? Ainsi, 40 % des ménages possèdent au moins deux téléviseurs, mais cette proportion a diminué de près de 10 points en 10 ans[19]. Et près de 60 % des Français déclarent posséder au moins deux smartphones, le deuxième étant souvent un téléphone professionnel[20].

Pour compenser ce manque à gagner, les industriels ont progressivement mis sur le marché des appareils mono fonction, qui sont particulièrement présents dans les cuisines : gaufriers,

19 Crédoc, 2023. URL : www.credoc.fr/download/pdf/Sou/Sou2023-4873.pdf

20 ADEME, *baromètre sobriété et modes de vie*, 2024. URL : librairie.ademe.fr/societe-et-politiques-publiques/6630-barometre-sobrietes-et-modes-de-vie.html

crêpières, machines à pain, yaourtières, extracteurs à jus… Néanmoins, les taux d'équipements de ces derniers restent très faibles : seuls 6 % des ménages ont craqué pour un appareil à fondue au chocolat, 3 % pour la machine à pop-corn et 2 % pour celle à hot dog (soit 600 000 pièces tout de même !)[21]. Autrement dit, les besoins correspondants n'ont pas émergé ou, lorsque c'est le cas, les appareils ont fini le plus souvent à la cave ou sur Leboncoin et autres sites de revente en ligne.

Les ménages, pas totalement dupes quand même, se rendent vite compte que ces équipements ne sont peut-être pas indispensables à leur bonheur familial, et renoncent totalement à les acquérir ou leur préfèrent des équivalents multifonctions, comme le robot cuisinier ou… le smartphone. Le smartphone remplace en effet à lui tout seul la plupart des équipements en communication des ménages des années 1990 : téléphone fixe, répondeur, console de jeux, lecteur de musique, magnétoscope, voire poste de télévision pour certains… Un manque à gagner majeur donc, qui peut expliquer au moins en partie la nécessité de le compenser par un renouvellement beaucoup plus fréquent de ces appareils.

3. L'innovation et l'obsolescence programmée

Si les entreprises du secteur de la communication vendent moins d'équipements, elles doivent le compenser en contraignant leurs clients à les remplacer plus souvent. Pour cela, elles ont recours à deux leviers devenus de plus en plus indissociables : l'innovation et l'obsolescence programmée.

L'exemple emblématique de cette innovation permanente est l'iPhone d'Apple, dont au moins un nouveau modèle est proposé chaque année[22]. Or, entre 2007 et 2023, le prix moyen des iPhone a presque triplé, mais un pic a peut-être été atteint : l'iPhone 15, sorti

21 ADEME, 2023. URL : librairie.ademe.fr/ged/8605/Equipement-appareils-electrodomestiques-des-menages-2023.pdf

22 Mirror Now, 2022. URL : x.com/MirrorNow/status/1542496927450808320

en 2023, coûtait moins cher que son prédécesseur[23]. Une sage décision, compte tenu du ralentissement des ventes mondiales d'iPhone au cours de la même période.

L'innovation est donc de moins en moins synonyme de progrès, elle devient principalement une manière de renouveler les achats. Ainsi, les ménages sont poussés à remplacer leurs équipements par d'autres équivalents mais proposant davantage de fonctionnalités, dont ils restent seuls juges de l'utilité... En particulier, la totalité des équipements électroménagers comportent désormais de l'électronique, y compris les brosses à dents ou les bouilloires. Le besoin initial justifiant l'achat (chauffer de l'eau, se brosser les dents...) est donc réévalué en permanence pour renouveler l'attractivité des produits (chauffer de l'eau à différentes températures, se brosser les dents avec précision, etc.)

Néanmoins, ce levier historique tend lui aussi à s'essouffler. L'exemple des smartphones reste emblématique : d'une part, leurs ventes diminuent en France depuis 2018, signe, là aussi, qu'un seuil a été atteint en matière d'équipement et même de multi-équipement[24]. Les ventes d'occasion sont les seules qui continuent à croître, même si elles ne représentent qu'environ 15 % des ventes du marché[25].

D'autre part, même le renouvellement très fréquent des smartphones semble être davantage remis en cause par les consommateurs. En effet, ces appareils sont connus pour être l'un de ceux que les consommateurs renouvellent le plus fréquemment, poussés à la fois par l'attractivité des nouveautés et

23 Le Parisien, 2023. URL : www.leparisien.fr/high-tech/pourquoi-liphone-15-est-il-moins-cher-que-le-modele-precedent-13-09-2023-ZNIKTGQ43BAVHAJTST56YOW5YE.php
24 Le Parisien, 2023. URL : www.leparisien.fr/high-tech/pourquoi-les-prix-des-smartphones-vont-continuer-a-flamber-02-03-2023-NG4ECC3Q7NBD7ATTKTZAWXJ5N4.php
25 Hellosafe, 2024. URL : hellosafe.fr/telecom/forfait-mobile/barometre-marche-smartphones

par l'obsolescence rapide des téléphones : mises à jour devenues impossibles, ralentissement du fonctionnement général, mais aussi complexité et coût de la réparation en cas de problème. Ainsi, 40 % des personnes interrogées par l'ADEME (Agence de la transition écologique) affirment changer de téléphone au plus tard tous les trois ans[26]. Néanmoins, cela signifie que 60 % de ceux qui en possèdent un le conservent plus longtemps, près d'un quart affirmant même le garder six ans ou plus. Même s'il est difficile de comparer ces déclarations dans le temps, ces chiffres semblent être en hausse, puisque la durée moyenne de détention au milieu des années 2010 était plutôt de deux ans [27]. Les mauvais élèves restent les jeunes adultes, pour lesquels la nouveauté reste un critère déterminant.

L'obsolescence programmée est, quant à elle, de plus en plus connue et dénoncée par les consommateurs. Ainsi, plus de 90 % des Français interrogés estiment que les produits électroménagers ou high-tech sont volontairement conçus pour ne pas durer[28].

Acte III. Des ménages de plus en plus contraints financièrement

Si la consommation des Français augmente moins, c'est aussi parce qu'elle est de plus en plus contrainte, et ce pour deux raisons principales.

Premièrement, le pouvoir d'achat des ménages augmente de moins en moins vite. Ce ralentissement s'inscrit dans un contexte de ralentissement de la croissance économique elle-même, qui se répercute sur les évolutions des salaires et des prestations sociales.

26 ADEME, Baromètre de la sobriété et des modes de vie, 2024, *op. cit.*
27 Phonandroid, 2019. URL : www.phonandroid.com/changer-de-smartphone-55-des-consommateurs-preferent-desormais-attendre-entre-3-et-5-ans.html
28 obsolescence-programmee.fr/2014/05/92-des-francais-convaincus-de-lobsolescence-programmee-de-lelectromenager-et-du-high-tech/

Le taux de croissance économique en France est passé de 4% à 7% en moyenne pendant les Trente Glorieuses à une moyenne de 0% à 2% depuis le début des années 2000. Cet atterrissage progressif de l'économie n'a rien d'étonnant, puisqu'il correspond à l'entrée dans une phase de maturité pour le pays. Sans même évoquer les contraintes biophysiques à la poursuite de la croissance économique, celle-ci semble donc amenée à se stabiliser naturellement, puisque ses moteurs historiques s'essoufflent (notamment les gains de productivité), et pourront difficilement être remplacés par d'autres aussi puissants (y compris le numérique ou l'automatisation, qui n'a jusqu'à présent pas suffi à relancer la machine)[29]. Cette « stagnation séculaire » déjà largement analysée par les économistes se répercute directement sur les revenus des ménages et leur pouvoir d'achat qui n'augmente au maximum que de 2% par an, contre 4% en moyenne à la fin des années 1990 et 5% à 6% pendant les Trente Glorieuses[30]. Les marges de manœuvre financières des ménages tendent donc à diminuer structurellement. Leurs revenus et leur pouvoir d'achat augmentent de moins en moins vite. Les dernières années ont également rappelé que le pouvoir d'achat pouvait même être diminué par l'inflation. Or, les phases d'inflation pourraient se multiplier à l'avenir, conséquence d'un contexte international plus instable (tensions géopolitiques, climatiques, biophysiques…). Et les inégalités de revenus repartent à la hausse depuis une dizaine d'années.

Deuxième explication, la capacité des ménages à consommer est réduite par le poids des dépenses dites contraintes ou pré-engagées, liées à des remboursements, des abonnements, des factures… Elles concernent le logement (loyer, remboursement de prêt…), les factures d'eau et d'énergie, les services de télécommunications, les frais de cantine et les assurances. Le logement

29 Sur ce débat, voir par exemple : www.cairn.info/revue-idees-economiques-et-sociales-2018-2-page-17.htm

30 INSEE, 2024. URL : www.insee.fr/fr/outil-interactif/5367857/details/30_RPC/35_CEM/35A_Figure1#

représente à lui seul près de 80 % des dépenses pré-engagées des ménages. Ces dépenses contraintes ont doublé en 60 ans, et représentent en moyenne un tiers de la consommation totale des ménages, et même les deux tiers du budget des ménages les plus pauvres[31]. Surtout, les dépenses pré-engagées ne représentent qu'une partie des dépenses incompressibles des ménages. En incluant également les dépenses d'alimentation, de transport, de santé et les impôts, les dépenses auxquelles les ménages ne peuvent renoncer peuvent alors représenter jusqu'à 75 % du budget des plus précaires[32].

Acte IV. L'argent ne fait pas le bonheur, et la consommation non plus

Enfin, si les Français ne consomment plus autant qu'auparavant, c'est aussi parce qu'ils se montrent de plus en plus critiques envers la société de consommation, et qu'ils s'interrogent davantage sur leurs besoins, et sur le rôle de la consommation pour y répondre. Ces critiques du consumérisme ne sont bien sûr pas nouvelles, puisqu'elles étaient présentes dès les années 1960. L'analyse des enquêtes conduites sur ce thème depuis 15 ans tend cependant à montrer qu'elles ont atteint un niveau inédit et concernent désormais une majorité d'individus.

Tout se passe comme si nous prenions progressivement conscience que les différentes promesses de la société de consommation n'étaient que des leurres, voire des mensonges.

En effet, la force historique de la société de consommation est largement associée à la puissance de ses imaginaires, qui peuvent se résumer par la promesse « Consommez, et vous

31 DREES, 2018. URL : drees.solidarites-sante.gouv.fr/publications/les-dossiers-de-la-drees/depenses-pre-engagees-quel-poids-dans-le-budget-des-menages

32 Ministère du Travail, 2022. URL : solidarites.gouv.fr/budgets-de-reference-budgets-decents-un-rapport-du-cnle-eclaire-sur-les-besoins-necessaires-pour

serez heureux ». Pourtant, la psychologie a montré depuis de nombreuses années que le lien entre richesse, consommation et bonheur n'était pas automatique.

Évidemment, nous avons besoin d'un minimum de revenus pour assurer la satisfaction de nos besoins matériels et donc notre bien-être (objectif et subjectif)[33]. En revanche, il semble exister des seuils de revenus et, probablement, de taux d'équipements matériels, à partir desquels le niveau de bonheur n'augmente plus. Au-delà de ce seuil, les individus qui en ont les moyens peuvent continuer à acheter des objets mais qui ne les rendront pas plus heureux et dont, a priori, ils n'ont pas besoin.

Comme l'explique l'auteur américain Christopher Ryan dans son livre *Civilisés à en mourir*, cette association entre consommation et bonheur contribue à rendre les individus responsables de leur malheur : « Tout mécontentement ou désespoir que vous expérimentez est nécessairement de votre faute, et certainement pas celle de la civilisation dans laquelle vous êtes nés. Vous ne travaillez pas assez, vous ne consommez pas les bons produits, ne prenez pas les bons compléments alimentaires, ne suivez pas le bon régime, ne conduisez pas la bonne voiture, ou vous ne buvez pas assez d'eau. »

Gaël Brulé, ingénieur environnement, a étudié les liens entre richesse, bonheur et impacts environnementaux[34]. Il constate que les pays où les individus se déclarent les plus heureux sont ceux qui enregistrent des empreintes écologiques élevées.

Ce constat peut laisser penser que la dégradation de l'environnement est une conséquence nécessaire de la satisfaction des besoins individuels. Néanmoins, selon Gaël Brulé, cette corrélation n'est pas inéluctable : en effet, elle est particulièrement forte lorsque le bonheur est associé à la réussite sociale

33 Kahneman, 2010. URL : www.pnas.org/doi/10.1073/pnas.1011492107
34 Brûlé Gaël, 2024. URL : www.editionsepisteme.org/produit/19/9782889155743/le-cout-environnemental-du-bonheur

et à la comparaison avec les autres. À l'inverse, quand le bonheur renvoie davantage à des dimensions immatérielles (passer du temps avec ses proches, profiter de l'instant présent, ressentir des émotions positives...), il est moins associé à des pratiques générant des consommations de ressources naturelles et des externalités environnementales.

Ces études confirment donc l'importance des normes et des standards sociaux. Ce qui rend malheureux, ce n'est pas de ne pas posséder un objet, c'est de ne pas l'avoir alors que toutes les personnes autour de nous en possèdent un[35]. Ce qui rend malheureux, c'est également l'isolement social ou le fait de ne pas se sentir suffisamment entouré par sa famille et des amis. Selon le sociologue Razmig Keucheyan, sur ce plan aussi, le consumérisme peut être directement incriminé, puisqu'il a à la fois entretenu l'illusion que le bien-être dépendait de notre capacité à acheter des objets, et parce qu'il incite les individus à accorder plus d'importance aux biens qu'aux liens[36]. Par ailleurs, le fait de vivre dans un environnement dégradé peut aussi, en retour, entraîner une diminution du sentiment de bien-être. Lorsque le toujours plus se transforme en obsession, il peut même générer des troubles psychologiques comme l'anxiété ou le sentiment d'insécurité[37].

Les Français eux-mêmes dissocient de plus en plus la consommation de leur bien-être. Dans un rapport de l'ADEME sur la sobriété publié en 2024, plus de 8 Français sur 10 sont d'accord avec l'idée qu'« aujourd'hui, en France, les gens consomment trop » et qu'ils accordent trop d'importance à la consommation

35 Voir par exemple Brian DEESE et Ezra KLEIN, « Opinion : The best explanation of Biden's thinking I've heard », *The New York Times*, 9 avril 2021.

36 Voir *Les Besoins artificiels : Comment sortir du consumérisme,* La Découverte, coll. « Zones », 2019, 250 p.

37 Voir par exemple Fromm E., *Avoir ou être. Un choix dont dépend l'avenir de l'homme*, Paris, Robert Laffont, 1978.

matérielle dans la société. Ils sont aussi 80 % à juger que notre manière de consommer est nuisible à l'environnement. Seuls 40 % sont d'accord avec l'idée que la croissance de la consommation est indispensable pour assurer la qualité de vie de la population française. Et seuls 16 % sont d'accord avec l'idée que consommer plus de biens matériels rend heureux.

Surtout, la surconsommation génère un double sentiment de culpabilité et de colère envers celles qui en sont désignées comme les principales responsables, à savoir les grandes entreprises. La majorité des consommateurs prennent conscience des impacts de la surconsommation : sur le climat et l'environnement bien sûr, mais aussi sur le bien-être des travailleurs, sur leur propre santé (pesticides, perturbateurs endocriniens) et sur leurs finances[38].

En conséquence, les consommateurs se montrent plus sceptiques envers les promesses de la société de consommation. L'évolution du vocabulaire qui lui est associé est particulièrement révélatrice de cette désillusion : 8 Français sur 10 sont aujourd'hui tout à fait ou plutôt d'accord avec l'idée qu'elle « est une mauvaise chose car elle entraîne trop de gaspillage ». Près de 3 sur 10 considèrent même qu'elle est « manipulatrice »[39].

Or, aux yeux des Français, comme déjà évoqué, ce sont les grandes entreprises qui incarnent les dérives de la société de consommation : depuis 10 ans, moins de la moitié d'entre eux déclarent leur faire confiance, dont 4 % seulement leur font « très confiance »[40]. Près de 9 personnes interrogées sur 10 pensent que les entreprises incitent à la surconsommation[41].

---

38 Ce thème est largement développé dans *La Société de déconsommation*, éditions Alternatives, 2021.

39 Observatoire Cetelem de la consommation.
URL : observatoirecetelem.com/lobservatoire-cetelem-de-la-consommation/le-temps-du-consommateur-activiste/un-point-de-vue-stable-sur-les-situations-personnelle-et-generale/

40 Cevipof, Baromètre de la confiance politique, vague 14, février 2023.

41 Greenflex/ADEME, *Baromètre de la consommation responsable*, édition 2019.

Ces discours doivent bien sûr être interprétés avec prudence, car ils ne se traduisent pas mécaniquement dans les pratiques. Mais l'ampleur de ces critiques et le fait qu'elles se retrouvent de manière constante dans la plupart des enquêtes conduites depuis une dizaine d'années traduisent a minima une prise de recul par rapport au consumérisme.

Compte tenu de la puissance des quatre moteurs précédemment analysés, leur inflexion semble peu probable à l'avenir. Autrement dit, la société française se dirige vraisemblablement vers un ralentissement durable de la consommation, voire vers une nouvelle ère de déconsommation matérielle. Aussi vertigineuse que puisse paraître cette perspective, il convient de rappeler que la société de consommation ne constitue qu'une parenthèse à l'échelle de l'histoire de l'humanité, qui pourrait donc tout à fait être refermée pour ouvrir la voie à une nouvelle ère plus durable sur le plan environnemental et humain. La question primordiale pour l'avenir sera donc celle de l'atterrissage et de la mutation du système consumériste. Quel nouveau modèle de société inventer qui permette à la fois d'améliorer le bilan environnemental et social de la consommation, tout en conservant un niveau de création de richesses suffisant pour assurer la satisfaction des besoins des ménages et le financement des services publics ? Quel rôle pour les ménages, les pouvoirs publics et les entreprises dans cette transition ? Quels modèles productifs déployer pour sortir de l'obsession de la croissance des ventes de produits neufs ? Compte tenu de l'ampleur et de la complexité de ces problématiques, seules de premières pistes de réponses et de débats sont proposées ici. La suite reste à construire !

PARTIE **2**

De quoi avons-nous réellement besoin ?

LES limites actuelles de la société de consommation sont le plus souvent soit sous-estimées, soit considérées comme anxiogènes. En effet, l'hypothèse que les ménages pourraient, à l'avenir, consommer moins qu'avant conduirait à l'effondrement du château de cartes consumériste. À entendre certains, si nous consommons moins, la France entrera en décroissance, et nous serons réduits à brûler des meubles et chasser des sangliers sauvages pour survivre.

Pourtant, cette crise existentielle du modèle consumériste peut également constituer une excellente occasion de s'interroger, non pas sur les moyens de préserver à tout prix notre liberté de consommer toujours plus, mais plutôt sur le fait de savoir si cela nous est réellement indispensable. Cette deuxième partie propose donc de s'interroger à la fois sur ce qui constitue nos besoins fondamentaux et sur le fait que le consumérisme ne nous permet pas toujours d'y répondre de manière efficace. Notre système économique actuel nous conduit surtout à l'illusion que nos besoins matériels sont infinis, et que seule la consommation permet d'y répondre.

Une société riche qui n'arrive toujours pas à satisfaire les besoins fondamentaux de tous les individus

Le fonctionnement actuel des sociétés consuméristes est particulièrement inefficace. D'un côté, des besoins fondamentaux ne sont toujours pas satisfaits pour une partie de la population, voire le sont de moins en moins. De l'autre, des besoins apparaissent comme « trop satisfaits », ce qui se traduit par des comportements excessifs et nuisibles pour les individus voire pour la société tout entière. Ces excès entraînent notamment des situations de gaspillage et accentuent les tensions sur les écosystèmes.

Ces dérives s'expliquent en grande partie par le fait que la satisfaction de nos besoins fondamentaux est conditionnée à nos moyens financiers, et pas à nos spécificités individuelles par rapport à ces besoins. Par exemple, une famille nombreuse devra, pour se loger, disposer d'un budget supérieur à celui d'un couple avec un enfant, ou obtenir un logement social. De même, une personne nécessitant de nombreux soins dentaires devra disposer d'une bonne mutuelle ou être en capacité de les payer elle-même. Notre société continue donc à s'enrichir de manière globale, mais elle ne s'avère pas toujours très efficace dans l'utilisation de ces richesses pour satisfaire les besoins individuels. Car prédomine la logique du « à chacun selon ses moyens » plutôt qu'« à chacun selon ses besoins ».

Ainsi, alors que le PIB de la France n'a cessé de croître depuis 20 ans, au cours de la même période, le taux de pauvreté a recommencé à augmenter. La France compte aujourd'hui environ 5,1 millions de personnes pauvres avec un seuil de pauvreté fixé à 50 % du niveau de vie médian (soit environ 1 000 euros pour une personne seule) et 9,1 millions avec le seuil de 60 % (environ 1 200 euros pour une personne seule). Dans le premier cas, le taux de pauvreté est de 8,1 % et, dans le second, de 14,4 %. Dans les deux cas, le taux de pauvreté augmente depuis une quinzaine d'années, alors qu'il avait tendance à diminuer depuis les années 1970[1].

Parmi les 20 % des ménages les plus modestes, près d'un quart affirme avoir des difficultés pour manger de la viande ou du poisson au moins tous les deux jours, maintenir leur logement à la bonne température et/ou payer certaines factures[2].

Selon des travaux conduits par l'ONPES, 20 % des Français les plus pauvres ne peuvent pas, à cause de leurs contraintes financières, accéder à certains biens et services essentiels, auxquels s'ajoutent 20 % supplémentaires d'individus qui ne sont

1 Observatoire des inégalités, 2024. URL : inegalites.fr/evolution_pauvrete_annuelle

2 Observatoire des inégalités, 2024. URL : www.inegalites.fr/Consommation-de-quoi-se-privent-les-pauvres

pas considérés comme pauvres mais qui rencontrent également des difficultés à satisfaire leurs besoins fondamentaux[3].

Ces difficultés peuvent être illustrées avec les exemples de l'alimentation et du logement.

En France, des individus sont en situation de sous-nutrition (apport calorique insuffisant) et d'autres souffrent de malnutrition (apport calorique excessif et/ou inadapté aux besoins de l'organisme). En 2022, selon une enquête du Crédoc, 16 % des Français affirment qu'ils ne mangent pas à leur faim[4]. Sans surprise, les personnes les plus concernées sont les précaires, notamment des personnes au chômage ou inactives, mais aussi des jeunes[5]. Selon le baromètre Ipsos/Secours Populaire, un tiers des Français affirment n'avoir parfois ou régulièrement pas mangé trois repas par jour pour des raisons financières au cours des deux années précédentes[6]. Pourtant, les ménages les plus précaires sont aussi ceux qui consacrent la proportion la plus importante de leur budget aux dépenses alimentaires: près de 20 %[7]. Et ils disposent de peu de marges de manœuvre pour les augmenter. En conséquence, comme l'a montré la période de forte inflation en 2022 et 2023, ce poste est également le plus sacrifié dès que le pouvoir d'achat de ces ménages se réduit.

Ce défi de la lutte contre la sous-nutrition se double de celui de la malnutrition, c'est-à-dire d'un apport nutritionnel inadapté, qui peut donc être supérieur au besoin ou carencé en certains nutriments nécessaires au maintien en bonne santé. Aujourd'hui,

3 Ministère du Travail, 2022. URL: solidarites.gouv.fr/budgets-de-reference-budgets-decents-un-rapport-du-cnle-eclaire-sur-les-besoins-necessaires-pour

4 Crédoc, 2023. URL: www.credoc.fr/publications/la-debrouille-des-personnes-qui-ne-mangent-pas-toujours-a-leur-faim

5 Crédoc, 2023. URL: www.credoc.fr/publications/en-forte-hausse-la-precarite-alimentaire-sajoute-a-dautres-fragilites

6 Secours populaire, 2023. URL: www.secourspopulaire.fr/barometre-17-ipsos-secours-populaire-observatoire-pauvrete-precarite-2023/

7 INSEE, 2020. URL: www.insee.fr/fr/statistiques/2385825

les apports caloriques moyens des Français sont supérieurs aux recommandations nutritionnelles. Le nombre de calories ingérées quotidiennement a augmenté d'un tiers depuis les années 1970, alors que les pratiques physiques ont eu tendance à diminuer pour une partie de la population au cours de la même période[8]. En 2023, près de la moitié des Français sont en surpoids ou obèses, même si ces situations sont multifactorielles, et ne résultent pas uniquement d'un apport calorique inapproprié[9]. La part des personnes obèses a doublé en moins de 25 ans.

En parallèle, le gaspillage alimentaire reste un fléau : il est estimé que les Français jettent en moyenne 25 kg d'aliments par an qui auraient pu être consommés[10].

Selon un rapport publié par BASIC, le système alimentaire productiviste représente un coût de 19 milliards d'euros par an pour la société française[11]. Cette facture inclut les différents coûts cachés du système agroalimentaire : les factures des ménages, les primes payées aux exploitants, mais aussi les dépenses en santé et celles nécessaires pour compenser les externalités environnementales (pollutions des eaux, des sols, pertes de biodiversité…).

En matière de logement, les évolutions sont également paradoxales.

Au cours du dernier siècle, des progrès inédits ont été enregistrés en matière de confort et de qualité de vie dans les logements, grâce à la généralisation de l'eau courante, de l'électricité, du chauffage, puis du double vitrage… Mais, depuis une dizaine d'années, des seuils semblent avoir été atteints avec,

8 Sénat, 2022. URL : www.senat.fr/rap/r21-744/r21-7444.html

9 INSERM, 2023. URL : presse.inserm.fr/obesite-et-surpoids-pres-dun-francais-sur-deux-concerne-etat-des-lieux-prevention-et-solutions-therapeutiques/66542/

10 Ministère de l'Agriculture, 2024. URL : agriculture.gouv.fr/gaspillage-alimentaire-des-nouvelles-donnees-pour-la-france

11 Le Basic, 2024. URL : lebasic.com/v2/content/uploads/2024/11/BASIC_Couts-societaux-systeme-alimentaire_Rapport-de-recherche_novembre-2024-2.pdf

là aussi, coexistence de situations de mal-logement (8 % des Français)[12] et d'autres de sous-occupation des logements (plus des deux tiers des ménages) [13].

Au final, moins d'un quart des ménages vivent dans un logement dont la taille est adaptée au nombre d'occupants. Les promoteurs immobiliers commencent à intégrer cette réduction du nombre de personnes par ménage, et proposent désormais des logements neufs plus petits. Au cours des 20 dernières années, la taille moyenne des logements neufs en Île-de-France a même diminué de 15 m^2, ce qui s'explique également par l'explosion des coûts du foncier dans cette région[14].

Par ailleurs, près de cinq millions de logements, soit 15 % du parc français, sont considérés comme des « passoires thermiques », c'est-à-dire qu'ils nécessitent une consommation d'énergie excessive pour être chauffés[15]. La fondation Abbé Pierre alerte également sur l'existence de « bouilloires thermiques », des logements particulièrement mal adaptés aux périodes de canicules, car difficiles à aérer et à refroidir[16].

12 INSEE, 2020. URL: www.insee.fr/fr/statistiques/4478728?sommaire=4476925

13 Ministère de la Transition écologique. URL: www.statistiques.developpement-durable.gouv.fr/edition-numerique/chiffres-cles-du-logement-2022/15-sur--et-sous-peuplement

14 ActuParis, 2023. URL: actu.fr/societe/cartes-en-20-ans-les-logements-neufs-ont-perdu-pres-de-10-m-en-ile-de-france_58425036.html

15 Notre Environnement, 2023. URL: www.notre-environnement.gouv.fr/actualites/breves/article/combien-de-residences-principales-sont-des-passoires-energetiques

16 Fondation Abbé Pierre, 2023. URL: www.fondation-abbe-pierre.fr/nos-publications/communiques-de-presse/logements-bouilloires-le-degre-zero-de-laction-publique

Des besoins individuels souvent réduits à ceux de la pyramide de Maslow

Comment définir de quoi un individu a réellement besoin pour vivre ? Comment faire la part des choses entre des besoins fondamentaux, indispensables à l'existence physique, et ceux d'ordre davantage social ou psychologique, mais tout aussi importants pour bien vivre ? De nombreux travaux ont déjà tenté de répondre à ces questions.

La hiérarchisation la plus connue et la plus utilisée reste celle du psychologue Abraham Maslow. Imaginée dans les années 1940 et formalisée dans les années 1970, cette pyramide distingue cinq catégories de besoins individuels considérés comme fondamentaux : les besoins physiologiques, les besoins de sécurité, les besoins d'appartenance et d'amour, les besoins d'estime et le besoin d'accomplissement/d'épanouissement de soi.

La première catégorie regroupe tout ce qui est essentiel à la survie des individus : dormir, disposer d'un apport calorique suffisant et équilibré, se protéger du chaud et du froid, donc disposer d'un logement suffisamment isolé et chauffé, et disposer de vêtements adaptés.

Dans la pyramide de Maslow, ces besoins regroupent les besoins physiologiques et les besoins de sécurité. Le sociologue Razmig Keucheyan parle quant à lui de besoins authentiques.

Ils sont donc, dans la théorie de Maslow, présents chez tous les individus et s'expriment en premier. Leur satisfaction est indispensable pour permettre progressivement l'expression des autres besoins, liés davantage au bien-être et à l'épanouissement : sécurité, puis amour et appartenance, puis estime et enfin dépassement de soi. Ce dernier niveau correspond à la nécessité pour un individu de participer à des expériences qui lui permettent de dépasser ses limites, mais aussi de contribuer à des causes collectives.

Si un besoin n'est plus satisfait, par exemple si une personne perd son emploi, il redevient prioritaire. Selon Maslow, l'émergence d'un besoin se fait progressivement, à mesure que les besoins précédents sont satisfaits. Il estime aussi que les individus ne sont pas égaux face à leurs besoins: certains résistent mieux que d'autres au manque de relations sociales ou au manque de reconnaissance par exemple.

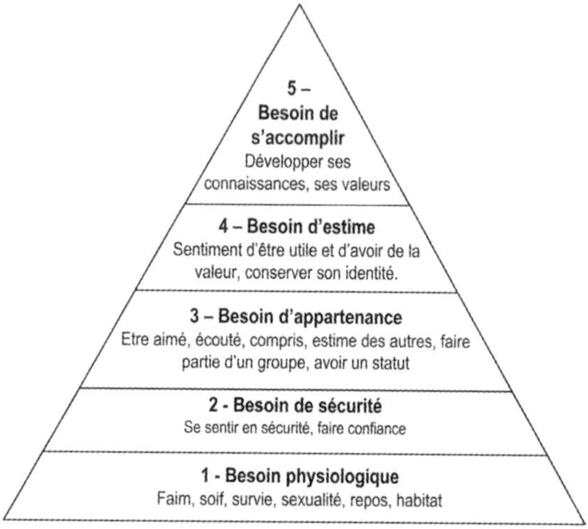

La hiérarchie des besoins selon la pyramide de Maslow

La pyramide proposée par Maslow a fait l'objet de nombreuses critiques depuis sa publication, qui peuvent être résumées en deux arguments.

1. Cette approche sous-entend que les personnes précaires ne peuvent pas exprimer de besoins symboliques (reconnaissance, estime...) et qu'elles sont en quelque sorte condamnées à répondre d'abord à leurs besoins physiologiques pour pouvoir ensuite satisfaire les autres. Or, différents travaux ont montré que des individus pouvaient négliger des besoins physiologiques afin de satisfaire ceux qu'ils considéraient comme plus prioritaires, en particulier ceux liés à l'estime ou, plus globalement, à la sociabilité et aux normes sociales. Ainsi, des ménages précaires peuvent choisir de réduire leur budget alimentaire pour privilégier d'autres types de dépenses, comme l'achat d'équipements de communication ou des vêtements de marque.

Selon Philippe Mouillot, ces arbitrages s'expliquent par le fait que, dans une société consumériste, les besoins liés au statut social passent principalement par la possession de certains objets (le plus souvent coûteux). Or, les classes les plus précaires sont souvent celles qui vont réaliser les arbitrages financiers les plus importants pour acquérir ces objets qui leur permettront de répondre à ces normes sociales et ainsi espérer sortir, même symboliquement, de leur milieu. Plus globalement, la pyramide de Maslow ne permet pas d'intégrer la dimension de « distinction sociale » inhérente à la consommation[17].

Dans un autre registre, on observe dans les sociétés européennes une réduction progressive du temps consacré au sommeil. Historiquement, cette réduction s'expliquait par la généralisation de l'électricité dans les foyers, qui a permis aux ménages d'allonger leur temps de veille pour le consacrer à diverses activités. Mais, sur la période plus récente, cette baisse du temps de sommeil est devenue préoccupante : moins de 7 heures par nuit, y compris chez les jeunes adultes et les adolescents. Or, la principale explication est évidemment le temps passé sur les écrans - notamment sur les smartphones - qui, ici aussi, est considéré comme prioritaire par rapport au besoin physiologique de sommeil.

Par ailleurs, même des besoins physiologiques peuvent être indissociables de besoins relevant, dans la pyramide de Maslow, de l'amour, de l'amitié et de l'estime. Imaginons un prisonnier qui aurait accès, pour tous ses repas, à une nourriture variée, saine, de qualité, mais qui serait condamné à les manger toujours seul. Son besoin physiologique de bien se nourrir serait satisfait, mais pas ceux de sociabilité et d'estime de soi. Derrière cet exemple caricatural et théorique se cache une situation malheureusement bien

17 Ibidem

réelle. Aujourd'hui, un tiers des Français déclarent n'avoir aucun ou un seul réseau de sociabilité, et un sur cinq se sent seul[18].

De fait, la pyramide de Maslow a également été critiquée parce qu'elle constituerait une lecture sociale voire politique des besoins. Implicitement, elle traduirait en effet l'idée que la satisfaction de besoins physiologiques constitue un enjeu pour les classes sociales les plus précaires, alors que les plus aisées en seraient « libérées » et pourraient se consacrer à des besoins « supérieurs » mais voués à rester élitistes[19].

2. Deuxième critique de la pyramide de Maslow, la dimension culturelle, temporelle et spatiale des besoins est totalement absente de cette pyramide. Or, elle est fondamentale pour comprendre nos besoins actuels et futurs. Autrement dit, les besoins sont toujours liés à un contexte : posséder un smartphone peut être considéré comme un besoin fondamental dans la société française en 2025, alors que la majorité des Français pouvaient vivre heureux sans au début du XXe siècle. De même, disposer d'une voiture individuelle est souvent indispensable pour les habitants des zones rurales, alors que les Parisiens peuvent plus facilement s'en passer, et que nos ancêtres vivaient sans également.

Le Conseil national des politiques de lutte contre la pauvreté et l'exclusion sociale (CNLE) a conduit des travaux sur les concepts de « vie décente » et de « revenu décent ». Sans grande surprise, le rapport qui en a résulté conclut que ces concepts peuvent varier fortement selon les pays, les époques, mais aussi selon les catégories sociales voire les individus[20]. Il en va nécessairement de même pour les besoins, qui sont avant tout des constructions sociales et culturelles. Par exemple, dans le rapport du CNLE, le besoin de partir en vacances est mis en avant par la très grande

---

18 Fondation de France, 2024. URL: www.fondationdefrance.org/fr/les-solitudes-en-france/etude-solitudes-2024

19 Johan Galtung : books.openedition.org/iheid/3611?lang=fr

20 solidarites.gouv.fr/budgets-de-reference-budgets-decents-un-rapport-du-cnle-eclaire-sur-les-besoins-necessaires-pour

majorité des ménages interrogés[21]. Il est davantage exprimé par les habitants de la métropole du Grand Paris, compte tenu de leur cadre de vie jugé plus fatigant. Or, ce besoin n'était probablement pas présent au sein de la société française il y a un siècle… Qu'en sera-t-il d'ici 50 ans, dans une société vieillissante, où la part des hyperactifs ne cessera de diminuer ?

Même si la pyramide de Maslow est la proposition la plus célèbre de priorisation des besoins, elle n'est pas la seule. L'économiste chilien Manfred Max-Neef et son équipe ont également proposé, dans les années 1990, une « matrice du développement humain », composée de 9 besoins et de 4 catégories existentielles.

Dans leurs travaux, les besoins sont considérés comme communs à tous les humains, peu nombreux et limités, par opposition donc à la logique capitaliste qui les pose comme infinis. Ils sont aussi considérés comme simultanés, complémentaires et constants dans le temps. En revanche, les stratégies mises en place pour y répondre et les désirs associés peuvent, eux, varier selon les périodes et les cultures. Il n'y a pas de hiérarchie entre les besoins, mais des arbitrages selon les individus. Par exemple, le besoin de communication a toujours existé dans les sociétés humaines. Mais entre les signaux de fumée, les graffitis dans les grottes, les hiéroglyphes, les lettres et les smartphones, ce besoin peut donner lieu à une extrême diversité de réponses.

BESOIN OU DÉSIR ?

Les analyses et classifications des besoins pâtissent souvent du fait qu'elles n'abordent pas du tout la question du désir. Les besoins sont en effet présentés comme des expressions rationnelles et indiscutables qu'il convient de satisfaire pour garantir la survie, mais aussi le bien-être d'un indi-

21 solidarites.gouv.fr/budgets-de-reference-budgets-decents-un-rapport-du-cnle-eclaire-sur-les-besoins-necessaires-pour

vidu. Le désir est davantage assimilé à une émotion, qui peut donc, théoriquement, être contrôlé voire réfuté. De fait, dans une société consumériste, besoin et désir tendent de plus en plus à s'hybrider. Une jeune femme qui fait du shopping a-t-elle besoin d'un nouveau pantalon (parce qu'elle commence un nouveau poste qui le justifie, parce que le sien est abîmé…) ou juste envie (pour se faire plaisir) ? Au moment d'un achat, ces deux dimensions se cumulent souvent, aidées pour cela par le marketing et la publicité, qui exploitent volontairement cette ambiguïté.
Et des désirs peuvent progressivement se transformer en besoins, s'ils correspondent à des « standards » dans les groupes sociaux auxquels l'individu appartient[22]. Ainsi, le désir d'acheter un pantalon neuf peut devenir un besoin si ce vêtement répond à des codes sociaux dans un contexte professionnel ou pour un groupe de pairs. Dans ce cas, l'achat comble un besoin d'intégration sociale qui peut être difficile à ignorer.

Une pyramide des besoins collectifs qui donne la priorité aux besoins du système économique

Si on adaptait le principe de la pyramide des besoins de Maslow à l'échelle des sociétés, comment construirait-on cette pyramide des besoins collectifs ? Ceux qui apparaissent aujourd'hui comme fondamentaux et indispensables à satisfaire sont… ceux de l'économie. Au bas de la pyramide se trouverait donc le besoin de croissance économique, se traduisant par celui de création de richesse (notamment afin de combler l'appétit des actionnaires). Cette croissance économique doit, comme nous l'avons vu,

22 Agnès HELLER, *La Théorie des besoins chez Marx*, Paris, Union générale éditions, 1978.

principalement être nourrie par la consommation des ménages. Autrement dit, acheter des produits constitue autant une réponse à nos propres besoins qu'à ceux des entreprises. Historiquement, la consommation des ménages était principalement matérielle, car la société de consommation a avant tout misé sur les besoins en équipements pour soi-même, son logement et ses déplacements : électroménager, meubles, vêtements, voitures...

Comment l'économie nous fait croire que nos besoins sont infinis pour mieux satisfaire les siens

Mais à mesure que ces besoins matériels sont satisfaits, Razmig Keucheyan estime que le marché crée des besoins artificiels, c'est-à-dire non vitaux, et qui sont souvent, de manière illégitime, placés au même rang que les fondamentaux[23]. Ainsi, même lorsque nos placards débordent de vêtements, d'appareils et de bibelots dont nous avons parfois oublié l'existence, le marché nous persuade que nous avons toujours d'autres besoins à satisfaire, qui passent bien sûr par des offres commerciales. La liste des besoins artificiels s'allonge à mesure qu'ils sont satisfaits, ce qui se traduit par une extension permanente du spectre des activités humaines qui donnent lieu à une marchandisation. Même les besoins d'appartenance et d'estime de Maslow peuvent ainsi être exploités par le marché.

L'économiste serbo-américain Branko Milanovic parle de « commodification of everything » pour conceptualiser cette idée[24]. Il évoque notamment la marchandisation des données personnelles, des loisirs, mais aussi des voitures et des logements possédés par des particuliers (et qui peuvent désormais être loués, par exemple sur Airbnb). D'autres exemples peuvent être donnés, comme les biens et services pour les animaux

23 *Les Besoins artificiels*, Paris, La Découverte, 2019.
24 www.editionsladecouverte.fr/le_capitalisme_sans_rival-9782348055584

domestiques (services de garde, services thérapeutiques divers, objets connectés, hôtels…). De manière encore plus inquiétante, la marchandisation s'étend aussi au sein du vivant, avec des logiques de privatisation de nombreuses ressources naturelles, voire des brevets déposés par des entreprises sur certaines formes de vie[25].

Émerge alors l'illusion de l'infini, grâce aux offres illimitées. Ainsi, le besoin d'aimer et d'être aimé sera assouvi grâce aux réseaux sociaux et aux applications de rencontre, qui donnent l'illusion d'un « choix » infini d'individus et d'interactions possibles. Le besoin de communication et de culture sera satisfait grâce à des forfaits Internet illimités, permettant d'accéder à des plateformes de contenus (vidéos, musiques…) ou à des réseaux sociaux proposant des millions de contenus.

J'évoquais en introduction l'offre lancée par la compagnie aérienne Wizz Air permettant de voyager en illimité dans ses avions. Un exemple extrême mais particulièrement symptomatique des dérives du consumérisme. L'ultime obstacle à cette offre pléthorique devient donc le temps qui, lui, reste désespérément limité. Les sociétés modernes ont ainsi vu émerger une économie (une guerre ?) de l'attention, reposant sur la capacité des acteurs économiques (principalement en ligne) à séduire leurs clients grâce à ces logiques de « toujours plus », afin de s'assurer qu'ils continuent à payer ou que les publicitaires le feront pour eux.

La priorité donnée aux besoins matériels, source de frustration et de négligence des besoins immatériels

Selon Razmig Keucheyan, les besoins artificiels ont ceci de paradoxal qu'ils sont rendus possibles par le capitalisme et que leur pleine satisfaction est pourtant rendue impossible par le capitalisme lui-même. En effet, la société de consommation nous donne l'illusion que la satisfaction des besoins qu'elle a elle-même

25 information.tv5monde.com/international/europe-les-multinationales-peuvent-desormais-breveter-le-vivant-23149

contribué à faire émerger ne peut se faire qu'au sein de la sphère marchande. Mais cette marchandisation du besoin va de pair avec une myriade de solutions pour y répondre. De fait, la satisfaction du besoin reste toujours provisoire voire frustrante, puisque l'individu aura du mal à échapper à la tentation d'autres réponses possibles. Plus nous achetons de biens, de forfaits, de contenus, plus nous prenons conscience des montagnes de biens et de services auxquels nous n'aurons jamais accès, par manque de temps et/ou d'argent. Cette situation peut logiquement entraîner de la déception et de la frustration pour les consommateurs, qui ont alors deux alternatives. La première consiste à continuer à rechercher dans la consommation (notamment matérielle) la réponse à leurs besoins, et donc à accepter une forme d'aliénation par le consumérisme. Selon le philosophe Hartmut Rosa, auteur d'une célèbre théorie sur l'accélération des sociétés, ce manque de temps disponible pour profiter des biens achetés conduit justement à en acheter encore davantage, avec l'espoir qu'un jour peut-être (à la retraite ?), nous pourrons leur accorder l'attention qu'ils méritent...[26]. La deuxième solution consiste au contraire à adopter des logiques relevant de la sobriété et de la suffisance matérielle.

Le troisième étage de notre pyramide (voir ci-dessous) regroupe les besoins dits immatériels, dont le champ est particulièrement vaste. On y trouve notamment ceux concernant la santé, l'éducation, mais aussi la communication, la culture et les loisirs, le bien-être... Dans les sociétés européennes, ces besoins sont majoritairement satisfaits par les pouvoirs publics. Ainsi, le besoin d'être en bonne santé est considéré comme tellement important qu'il a justifié la création de systèmes de santé publique afin de prendre en charge tout ou partie des dépenses de santé des individus. La France consacre ainsi un tiers de son PIB aux

26 *Aliénation et accélération. Vers une théorie critique de la modernité tardive*, Paris, La Découverte, 2012.

dépenses de protection sociale, le niveau le plus élevé au sein de l'Union européenne[27]. Un tiers de ces dépenses est consacré à la santé, près de la moitié à la vieillesse (principalement les pensions de retraite). Le reste du budget est alloué à la famille, au logement, à l'emploi et à la lutte contre la pauvreté. Néanmoins, le marché investit de plus en plus ces besoins, via des logiques de privatisation (pour les écoles, les hôpitaux, les assurances...)

Puis, tout en haut de cette pyramide, on pourrait timidement (et discrètement) ajouter ceux des écosystèmes naturels. Ces derniers sont en effet largement ignorés dans nos sociétés, même si les lignes commencent à bouger depuis une dizaine d'années. Je propose de représenter cette pyramide actuelle des besoins collectifs ainsi :

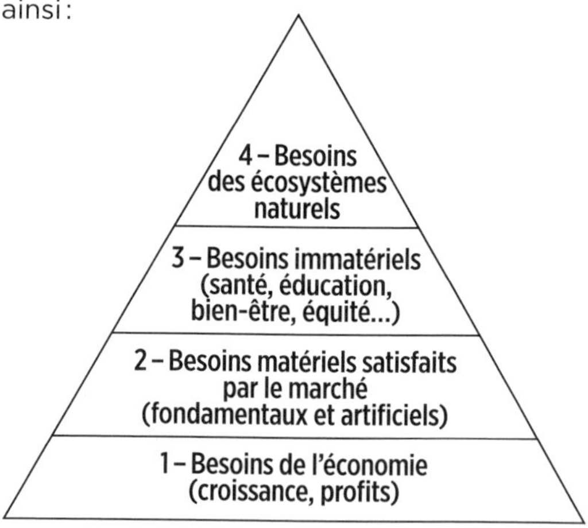

La prépondérance des besoins de l'économie réduit la portée des politiques environnementales

Autrement dit, les besoins économiques ont largement pris le dessus sur ceux des individus, des sociétés et des écosystèmes.

27 drees.solidarites-sante.gouv.fr/publications-communique-de-presse-documents-de-reference/panoramas-de-la-drees/la-protection-0

La satisfaction des besoins individuels et le développement des sociétés sont même devenus des sortes de coproduits du système économique. C'est parce que l'économie crée de la croissance qu'elle permettra, en retour, aux individus d'acheter des biens et services répondant à leurs besoins, et à l'État de collecter les richesses nécessaires au financement des services publics. Le système capitaliste conduit aussi à déformer les besoins individuels. La théorie économique classique considère que ces derniers ne sont pas à l'origine mais à la fin du circuit économique. En effet, c'est l'achat d'un bien qui matérialise le besoin associé, ce qui sous-entend que les besoins sont infinis[28]. Le système consumériste repose donc sur un paradoxe fondamental et insoluble : il cherche à la fois à répondre aux besoins des individus, réduits au statut de consommateurs, mais ne doit jamais les satisfaire totalement, sous peine de menacer la satisfaction des besoins des acteurs économiques eux-mêmes, à savoir la croissance continue de leurs profits.

Cette préférence octroyée aux acteurs économiques explique en partie la difficulté à faire évoluer les politiques publiques et le cadre législatif, pour qu'ils intègrent véritablement la satisfaction des besoins sociaux et environnementaux. En effet, du point de vue des pouvoirs publics, cette satisfaction est assurée soit directement par les marchés, soit a posteriori via les politiques de redistribution et de compensation. Réduire les inégalités sociales, la pauvreté, les émissions de GES et les pollutions constitue donc bien sûr avant tout un objet de lutte sociale, se traduisant par des acquis (voire des conquis) sociaux. Néanmoins, d'un point de vue purement économique, ces enjeux constituent avant tout des externalités négatives qui peuvent soit être considérées comme secondaires, soit intégrées dans le fonctionnement des marchés sans le remettre en cause.

28 librairie.ademe.fr/ged/9286/ADEME-bien-vivre-cobenefices-sobriete-rapport.pdf

C'est l'exemple de la taxation du carbone, qui vise à inciter les acteurs économiques à réduire leurs émissions de GES mais sans compromettre leurs activités.

Dans cette logique, la posture des États est nécessairement ambivalente. D'un côté, ils doivent tenir compte des revendications sociales et assurer la cohésion de la société. De l'autre, ils doivent s'assurer que les acteurs économiques disposent d'un cadre (social, réglementaire...) adapté à leurs activités. Cette tension explique aussi que les politiques publiques environnementales soient largement édulcorées: objectifs a minima, horizons temporels très éloignés... Ainsi, la France a adopté en 2021 une loi prévoyant l'interdiction des plastiques à usage unique à l'horizon 2040, et qui n'instaure pas d'objectifs ambitieux en matière de réemploi[29]. Or, le lobbying des industriels (ainsi que la frilosité des politiques) est en grande partie à l'origine de ce décalage entre l'ambition initiale de certaines lois et leur version finale, comme l'a démontré la Haute autorité pour la transparence de la vie publique dans un rapport dédié à cet enjeu[30].

La mise en œuvre des lois en faveur de l'environnement peut aussi être limitée par le manque de moyens financiers et/ou par l'absence de mécanismes de contrôle et de sanctions. Par exemple, depuis 2015, l'obsolescence programmée constitue un délit en France, une interdiction qui représente une première mondiale. Néanmoins, les sanctions prévues par le Code de la consommation (deux ans d'emprisonnement et une amende de 300 000 euros, pouvant aller jusqu'à 5 % du chiffre d'affaires de l'entreprise) se révèlent, dans les faits, très difficiles à faire appliquer[31]. En effet, c'est au consommateur de prouver que l'entreprise a volontairement réduit la durée de vie de son produit,

29 www.economie.gouv.fr/cedef/interdiction-plastique-usage-unique
30 www.hatvp.fr/lobbying/actualites/le-lobbying-autour-de-la-loi-agec
31 www.halteobsolescence.org/la-nouvelle-definition-du-delit-dobsolescence-programmee-vers-une-plus-grande-effectivite-de-linterdiction

et qu'elle l'a fait dans l'objectif d'augmenter ses ventes. De fait, aucune condamnation pour délit d'obsolescence programmée n'a été enregistrée depuis 2015.

Un modèle qui génère du gaspillage et des externalités environnementales

La société de consommation est donc avant tout celle des inégalités et de l'illusion, mais aussi celle du gaspillage de matières premières et d'externalités environnementales négatives. En effet, pour renouveler les biens suffisamment rapidement pour maintenir un taux de croissance élevé, l'achat de nouveaux produits neufs doit être encouragé par tous les moyens possibles. Cela passe, comme nous l'avons souligné, par l'innovation et l'ajout de nouvelles fonctionnalités. Mais ce besoin de renouvellement suppose aussi de consommer toujours plus et donc de stocker un certain nombre d'objets que nous n'avons même plus le temps d'utiliser.

Selon l'ADEME, un foyer français héberge en moyenne 2,5 tonnes d'objets. Et, lorsqu'on interroge les individus sur le nombre d'objets qu'ils possèdent, ils ont tendance à sous-estimer le total[32]. Par exemple, ils déclarent posséder une trentaine d'appareils électriques et électroniques, mais l'inventaire de leur logement révèle qu'ils en possèdent trois fois plus. Dont en moyenne six qui ne sont jamais utilisés.

Cette surabondance d'objets n'est bien sûr pas un phénomène franco-français puisque, selon une autre étude, un Allemand possède en moyenne 10 000 objets[33].

Une illustration de cet enjeu du stockage peut être apportée avec le phénomène des mines urbaines, c'est-à-dire des équipements électriques et électroniques stockés dans nos logements.

32 vert.eco/wp-content/uploads/2022/02/DP_ADEME_OSEZ-CHANGER.pdf

33 Trentmann Frank, Empire of everything.

Chaque année, environ 20 millions de smartphones sont vendus en France, dont près d'un sur cinq est acheté d'occasion[34]. Il faut donc fabriquer 16 millions de téléphones neufs pour satisfaire cette demande. Or, même si la durée d'utilisation des smartphones est relativement faible (trois ans en moyenne), cela ne signifie pas qu'ils sont recyclés pour fabriquer de nouveaux appareils. D'une part, car le recyclage de leurs nombreux et petits composants reste complexe. D'autre part, car une partie de ces téléphones sont stockés. Selon l'association Ecologic France, seuls 3 % des téléphones qui ne sont plus utilisés seraient collectés, et environ 40 millions dormiraient dans les tiroirs des ménages français, la plupart en état de marche (mais conservés selon le célèbre principe du « au cas où » ou du tout aussi fréquent « j'ai eu la flemme de le vider avant d'en changer, donc je m'en sers comme une sauvegarde »[35]).

Pour d'autres domaines, la définition du gaspillage peut être plus compliquée, et supposer de croiser des critères aussi objectifs que possible sur les seuils à atteindre pour qu'un besoin soit considéré comme satisfait, mais aussi sur les seuils à ne pas dépasser pour que ce dernier ne contribue pas à remettre en cause d'autres besoins individuels, collectifs ou écosystémiques. Ainsi, à partir de combien de litres d'eau une douche ou un bain génèrent-ils du gaspillage d'eau ? Selon l'ADEME, la douche idéale doit durer moins de cinq minutes, et elle devrait même durer trois minutes selon des chercheurs de l'université de Harvard, et ne pas être quotidienne pour ne pas abîmer la

34 www.servicesmobiles.fr/tendances-de-ces-5-dernieres-annees-en-matiere-de-ventes-de-smartphones-85900

35 www.ecologic-france.com/images/medias/document/24781/230706-HIEcologic-Ecosystem-Note-mthodologique-pour-envoi.pdf www.ecologic-france.com/images/medias/document/24782/230720-HIEcologic-Ecosystem-Rapport-final-pour-envoi.pdf

peau[36]. Pourtant, la durée moyenne des douches en France serait de 9 minutes[37].

Différents indicateurs permettent de mesurer l'impact environnemental de nos modes de vie. Ils sont particulièrement utiles pour faire le lien entre nos comportements et les enjeux globaux, mais aussi pour identifier des marges de manœuvre pour réduire notre impact.

L'indicateur le plus utilisé et le plus médiatisé est l'empreinte carbone. L'empreinte carbone moyenne des Français est estimée, pour l'année 2022, à 9,2 tonnes par personne, soit une diminution d'environ une tonne en 10 ans[38]. Cette estimation donne une première idée de l'ampleur des efforts à accomplir. En effet, cette réduction apparaît largement insuffisante pour atteindre l'objectif, fixé dans le cadre de la SNBC (Stratégie nationale bas carbone), de deux tonnes de CO_2 par an et par Français à l'horizon 2050[39]. Ce seuil sera en effet compatible avec l'objectif de neutralité carbone, qui doit elle aussi être atteinte d'ici 30 ans (et dont nous sommes pour l'instant très loin). Autrement dit, au cours des 40 prochaines années, les Français devraient diviser leur empreinte carbone par plus de quatre pour respecter les engagements climatiques de la France.

Actuellement, les trois quarts de l'empreinte carbone moyenne des Français sont générés par trois postes de consommation : le logement, le transport et l'alimentation. Quasiment la moitié de ces émissions sont importées, c'est-à-dire qu'elles sont produites par l'extraction de matières premières, l'utilisation d'énergie ou la

---

36 agirpourlatransition.ademe.fr/particuliers/maison/astuces-reduire-facture-deau-denergie ; www.health.harvard.edu/blog/showering-daily-is-it-necessary-2019062617193

37 www.doctissimo.fr/beaute/conseils-beaute/ma-peau-au-quotidien/la-duree-ideale-dune-douche-pour-eviter-les-risques-pour-votre-peau-selon-les-medecins/022d91_ar.html

38 www.statistiques.developpement-durable.gouv.fr/lempreinte-carbone-de-la-france-de-1995-2022

39 www.ecologie.gouv.fr/politiques-publiques/strategie-nationale-bas-carbone-snbc

fabrication de biens en dehors du territoire français. Or, le poids de ces émissions importées dans l'empreinte carbone augmente depuis 10 ans, alors que les émissions sur le territoire tendent à diminuer. Il s'agit là d'une conséquence logique du fait que nos modes de vie reposent de plus en plus sur des matières premières, des biens et des services produits à l'étranger.

Décomposition de l'empreinte carbone par poste de consommation en 2019
En tonnes de CO_2 eq par an et par personne

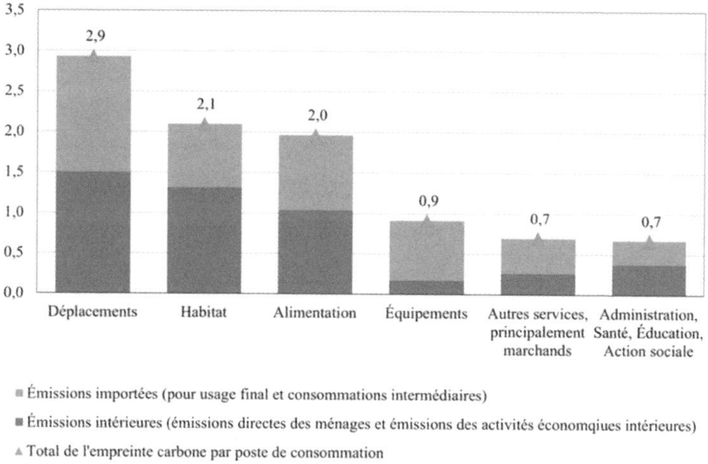

L'empreinte carbone individuelle est donc un indicateur utile et déjà bien médiatisé, mais qui présente néanmoins **trois limites principales.**

I. Des bilans carbone très variables selon les individus

La première limite de l'empreinte carbone est qu'elle met l'accent sur des moyennes, alors même que les écarts en fonction des situations individuelles peuvent être gigantesques.

Au cours des dernières années, différents travaux ont mis en avant le fait que l'empreinte environnementale des individus tend à augmenter avec leur niveau de revenus. Selon une étude de l'ONG Oxfam, les 1% les plus riches de la planète ont émis à eux seuls 16 % des émissions mondiales de CO_2 en 2019, soit autant que les deux tiers de l'humanité[40].

En particulier, le bilan carbone des plus aisés est alourdi par la fréquence de leurs déplacements en avion ou, dans une moindre mesure, par la taille de leur logement. Il est également important de garder en tête que les émissions de carbone ne constituent qu'un indicateur de l'impact environnemental des pratiques individuelles. Or, il est probable que l'impact des plus riches soit également largement supérieur à la moyenne concernant les pollutions ou les atteintes à la biodiversité, puisque leur consommation matérielle est largement supérieure à la moyenne.

Selon l'auteur japonais Kohei Saito, auteur de l'ouvrage *Moins ! La décroissance est une philosophie*, si les émissions de CO_2 des 10 % les plus riches retombaient au niveau moyen des émissions des Européens, cela suffirait à réduire les émissions mondiales d'un tiers[41].

Néanmoins, dans leur ouvrage *Un nouveau contrat écologique*, les chercheurs Emmanuel Combet et Antonin Pottier rappellent que le bilan carbone des individus peut être influencé par différents paramètres, et pas uniquement leurs revenus. Ainsi, les ménages précaires ruraux peuvent avoir une empreinte

40 www.oxfam.org/fr/communiques-presse/les-1-les-plus-riches-emettent-autant-de-co2-que-deux-tiers-de-lhumanite

41 Paris, Seuil, 2024.

carbone supérieure à celle des ménages aisés parisiens, s'ils résident dans une grande maison mal isolée et utilisent une voiture thermique pour leurs déplacements, là où les Parisiens habiteront dans un petit appartement et pourront utiliser les transports en commun. Autrement dit, les besoins en chauffage, en mobilité ou en superficie de logement vont eux-mêmes dépendre d'une multitude de paramètres : nombre de personnes présentes dans le logement, taille du logement, situation, âge, etc.

Selon une enquête de l'ADEME, le bilan carbone des Parisiens est ainsi supérieur à celui des ruraux, et les plus aisés sont, comme à l'échelle mondiale, ceux qui ont l'empreinte carbone la plus élevée[42]. Les différences sont particulièrement élevées pour le transport : au sein de la population française, une personne sur cinq émet plus de trois $tCO_2éq$ par an pour se déplacer (principalement des personnes aisées qui se déplacent souvent en avion), alors qu'une personne sur cinq émet moins de 0,5 $tCO_2éq$.

2. Une approche qui fait oublier les autres impacts environnementaux

L'attention accordée à l'empreinte carbone est révélatrice du fait que les sociétés occidentales ont progressivement réduit les enjeux environnementaux aux enjeux climatiques, symbolisés par les émissions de CO_2 (et, parfois, par celles de gaz à effet de serre). Cette restriction n'est pas anodine, puisqu'elle permet aux acteurs politiques et économiques de détourner les opinions publiques d'autres enjeux pourtant majeurs comme les pollutions ou les dégradations environnementales. L'ADEME essaie d'ailleurs de lutter contre ce biais en adoptant de plus en plus, dans ses travaux de modélisation, une approche multicritère, et en incitant les entreprises à faire de même[43].

C'est aussi l'objectif de l'empreinte écologique, qui vise à

42 www.futuribles.com/sur-lempreinte-carbone-des-francais/
43 agirpourlatransition.ademe.fr/entreprises/ecoconception

calculer la superficie terrestre nécessaire à la satisfaction des besoins d'un individu ou d'une population[44]. Cette consommation est ensuite comparée à la biocapacité, c'est-à-dire la capacité de la planète à renouveler les ressources consommées (pour les ressources renouvelables donc), à absorber le CO_2, etc. Autrement dit, il s'agit de comparer nos besoins avec ceux des écosystèmes. Or, jusqu'à présent, ce sont bien les besoins des humains (principalement des Occidentaux) qui l'emportent sur ceux de la planète. En 2022, l'empreinte environnementale moyenne des humains (une moyenne qui, à nouveau, n'a absolument aucun sens), représente 2,7 hectares globaux, alors que la biocapacité n'est, elle, que de 1,5 hectare global par personne. Autrement dit, cette année-là, il aurait fallu l'équivalent de 1,7 planète pour subvenir aux besoins de l'humanité. Ce calcul nous confirme que l'humanité est en déficit écologique, et il sert de base pour établir le «jour du dépassement», mis en lumière chaque année par l'ONG Global Footprint Network pour alerter sur ce sujet. Ce jour est passé du 29 décembre en 1970 au 1er août en 2024... Mais, cette planète supplémentaire n'existant pas, les humains se sont donc endettés fictivement, à un taux d'intérêt correspondant au changement climatique et à l'extinction de la biodiversité... En 2022, 60% de l'empreinte écologique mondiale était constituée par les émissions de GES, mais la déforestation, l'agriculture intensive ou encore la surpêche pèsent également.

L'empreinte écologique des Français atteint aujourd'hui 4,8 hectares globaux, ce qui signifie qu'il faudrait près de trois planètes pour que tous les humains répondent à leurs besoins de la même manière que les Français. La France se situe au 10e rang mondial pour son empreinte environnementale totale (la Chine étant en tête de ce funeste classement) et au 7e rang mondial pour l'empreinte par habitant.

44 bigmedia.bpifrance.fr/nos-dossiers/empreinte-ecologique-definition-reduction-enjeux-pour-lentreprise

3. Une surresponsabilisation des comportements individuels au détriment du poids des infrastructures collectives

Le calcul de l'empreinte carbone ou de l'empreinte écologique individuelle a le mérite d'alerter les individus sur leur rôle dans les dégradations climatiques et environnementales. Mais elle présente aussi un risque non négligeable : celui de créer l'illusion que le changement ne passera que par les individus, qui seraient responsables de l'essentiel de ces dommages et qui auraient en outre les marges de manœuvre nécessaires pour agir à leur échelle. Or, ce que montrent les chiffres, c'est que couper l'eau pendant qu'on se brosse les dents ou trier ses déchets n'aura malheureusement qu'un impact limité sur la situation mondiale.

Dans le calcul de l'empreinte carbone individuelle figurent les émissions imputées aux individus mais relevant des infrastructures et des services publics dont ils bénéficient. Or, les individus n'ont évidemment pas la main concernant la construction d'autoroutes, d'aéroports ou de centres commerciaux. L'outil Nosgestesclimat, proposé par l'ADEME, permet à chacun de calculer son empreinte carbone. Dans le mode de calcul, les « services sociétaux » représentent environ 17 % de l'empreinte carbone moyenne des Français, soit environ deux tonnes. Ces services sociétaux comprennent à la fois les services publics et leurs infrastructures (santé, éducation…) et les services commerciaux marchands (banques, assurances, services postaux)[45]. Leur bilan carbone total est calculé puis divisé entre tous les Français, puisqu'il est compliqué d'individualiser les usages de ces services, même s'ils peuvent être très différents selon les caractéristiques sociodémographiques et les étapes de la vie. L'essentiel de l'impact carbone est généré par les infrastructures publiques.

45 greenly.earth/fr-fr/blog/guide-entreprise/empreinte-carbone-des-services-quel-bilan

Le cabinet Carbone 4 parle, quant à lui, de « système sociotechnique », pour prendre en compte de manière globale l'impact carbone des systèmes industriels, agricoles, énergétiques, des infrastructures et des systèmes publics. Autant de systèmes dont les individus bénéficient au quotidien mais dont ils ne peuvent pas faire évoluer la structure. Selon Carbone 4, les trois quarts des leviers de réduction de l'empreinte carbone relèvent de ces systèmes collectifs. Autrement dit, même en devenant irréprochables dans leurs modes de vie, les individus ne peuvent réduire leur empreinte carbone individuelle que de 20 % en moyenne. Un ordre de grandeur non négligeable, mais largement insuffisant pour atteindre l'objectif de neutralité carbone.

Nos besoins fondamentaux redeviendront prioritaires demain

Résumons : nous vivons dans des sociétés où nos besoins fondamentaux sont globalement satisfaits. Mais cette satisfaction comporte trois limites :

- le fait que les réponses à ces besoins passent principalement par la marchandisation se traduit par une hausse des inégalités entre les individus en fonction de leurs capacités financières ;
- le système consumériste conduit à considérer comme légitimes et infinis des besoins qui apparaissent en réalité comme artificiels ;
- les conditions actuelles de satisfaction de nos besoins ont des impacts environnementaux croissants, qui dépassent les limites des écosystèmes naturels.

Il est temps d'ajouter une quatrième et dernière limite : à l'avenir, les besoins qui apparaîtront comme fondamentaux seront probablement immatériels. Or, ces derniers sont aujourd'hui largement négligés dans nos sociétés, alors même que le consumérisme peut contribuer à les dégrader. **Quatre exemples** peuvent être donnés : **vivre dans un environnement sain**, **bénéficier de soins dans une société vieillissante**, **avoir des relations sociales épanouissantes** et **disposer d'infrastructures de qualité.**

1. Vivre dans un environnement sain

Comme nous l'avons vu, le développement des sociétés a eu pour contrepartie une explosion des dégradations environnementales. Le concept le plus utilisé pour le mesurer est celui des limites planétaires, qui sont celles que l'humanité ne doit pas dépasser, sous peine de menacer les conditions d'habitabilité de la Terre. À l'échelle mondiale, différents travaux ont montré que l'humanité aurait déjà franchi sept des neuf limites planétaires[46].

En 2023, le ministère français de l'Ecologie a proposé son propre calcul de positionnement de la France par rapport aux neuf limites écologiques désormais prises en compte. Il en ressort que le pays dépasse fortement quatre de ces limites, modérément deux, et n'en respecte que trois[47].

Ainsi, en 2022, seules 43 % des masses d'eau superficielles françaises enregistraient un bon ou très bon état écologique[48]. Au cours des 30 dernières années, la plupart des indicateurs concernant la biodiversité se sont dégradés en France. Et les deux tiers de la population sont très exposés aux risques climatiques.

Autrement dit, le fonctionnement de nos sociétés permet de satisfaire un grand nombre de besoins, mais il contribue aussi à remettre en cause un besoin qui reste fondamental, celui de vivre dans un environnement sain. À l'avenir, nous vivrons dans un environnement de plus en plus dégradé par les impacts du

---

46 www.planetaryhealthcheck.org/

47 www.statistiques.developpement-durable.gouv.fr/edition-numerique/la-france-face-aux-neuf-limites-planetaires/pdf/la-france-face-aux-neuf-limites-planetaires.pdf

48 www.statistiques.developpement-durable.gouv.fr/media/7200/download?inline

changement climatique, des pertes de biodiversité, des pollutions des eaux et des sols, mais aussi des pollutions lumineuses.

Or, jusqu'à présent, ce besoin de vivre dans un environnement sain est globalement peu pris en compte dans nos sociétés. Ou alors, il donne lieu à des offres commerciales spécifiques, censées donc proposer des réponses à des problèmes causés par le marché lui-même. Ainsi, l'eau en bouteille est censée nous rassurer sur sa qualité par rapport à celle du robinet (alors qu'elles sont souvent bourrées de microplastiques[49]) et les climatiseurs apparaissent comme la principale solution pour nous permettre de supporter les 60 jours de canicule annuels qui pourraient nous attendre en 2050[50].

Une partie des Européens découvriront que, même dans leur pays, ils peuvent souffrir durablement du manque d'eau douce en quantité et qualité suffisantes, du coût de la nourriture et de l'énergie, des impacts des canicules et des sécheresses, des pollutions, etc. Ces réalités sont d'ailleurs déjà en germe dans certains territoires et pour certains publics, mais elles pourraient malheureusement s'installer durablement et se cumuler à moyen long terme.

À l'avenir, l'accès à un environnement et à des ressources naturelles de qualité devrait donc plus que jamais redevenir un besoin, voire un droit, fondamental.

2. Soigner des corps vieillissants et des esprits en souffrance

Au cours des prochaines décennies, un autre besoin deviendra plus que jamais prioritaire dans notre société : celui d'être en bonne santé et de se soigner. Une nécessité renforcée par deux facteurs aggravants : les dégradations environnementales évoquées précédemment, et le vieillissement de la population.

49 www.quechoisir.org/actualite-eau-en-bouteille-aux-aromes-de-microplastiques-n115362/

50 meteofrance.fr/sites/meteofrance.fr/files/files/editorial/DRIAS_Grand_public_160221_2.pdf

Le GIEC identifie ainsi huit risques sanitaires aggravés par le changement climatique[51]. Ils sont liés à l'insécurité alimentaire, à la chaleur, aux événements climatiques extrêmes (tempêtes, inondations…), aux infections transmises par l'alimentation et l'eau, à l'exposition des travailleurs à certaines conditions climatiques défavorables, aux maladies infectieuses, à la qualité de l'air et à la santé mentale. L'exposition des Français à ces risques sera globalement moins élevée que dans certains pays cumulant vulnérabilité très forte au changement climatique et systèmes de soins insuffisants. Mais elle augmentera dans tous les cas au cours des prochaines décennies : le coût des dommages liés au changement climatique représente 0,4 % du PIB, et il pourrait atteindre près de 1% d'ici 2050[52].

Le fait de vivre dans un environnement plus dégradé et plus risqué peut aussi avoir des impacts négatifs sur la santé mentale. Selon une étude de la DREES, la moitié des Français affirment ressentir de l'éco-anxiété dans leur vie quotidienne[53]. Ces sentiments négatifs pourraient encore se développer à l'avenir, à mesure que les conséquences des dérèglements climatiques deviendront plus visibles et toucheront directement les individus.

En parallèle, comme évoqué précédemment, la France est une société âgée, ce qui a déjà des impacts sur les pratiques de consommation. Mais cette tendance particulièrement lourde a et aura aussi des impacts sur les besoins en santé des individus, notamment très âgés. En 2040, un quart des Français pourraient avoir 65 ans ou plus, et près de 15 % pourraient avoir au moins

---

51 reseauactionclimat.org/climat-et-sante-des-enjeux-lies/
52 www.ecologie.gouv.fr/sites/default/files/documents/Rapport_final_Mission-assurance_climat.pdf?v=1712160459
53 Source : DRESS, Baromètre d'opinion 2022. URL : odin.sante.gouv.fr/dataviz_drees/?defaultPage=Barom%C3%A8tre_d_opinion_Barom%C3%A8tre_d_opinion&user=dataviz_sante&pass=dataviz_sante#17

75 ans[54]. Ceci se traduira par un accroissement du nombre de personnes en situation de dépendance : elles pourraient être près de trois millions en 2050[55]. Le vieillissement de la population favorisera aussi la croissance de certaines maladies chroniques : diabète, hypertension, cancers…[56] Selon le ministère de la Santé, les besoins en lits hospitaliers pourraient croître de 30 % d'ici 2050[57]. En parallèle, les besoins d'aide et d'accompagnement à domicile augmenteraient de 60 % à cet horizon, alors que la France compte déjà près de 9 millions d'aidants.

La question de la prise en charge financière et humaine de ces besoins de soins deviendra donc cruciale à l'avenir. Les ALD (affections de longue durée) représentent déjà 60 % des dépenses prises en charge par l'Assurance Maladie, et elles pourraient en représenter plus de 70 % à l'horizon 2050[58]. En réponse, plusieurs scénarios sont aujourd'hui envisagés par les experts du secteur : une réduction du nombre d'ALD et/ou du taux de prise en charge de certaines d'entre elles ; une hausse de la prise en charge des mutuelles ; une hausse du reste à charge pour les ménages (notamment via une évolution du ticket modérateur). Dans tous les cas, les inégalités entre les individus pourraient donc croître, en fonction du niveau de prise en charge de leurs pathologies, du niveau de remboursement de leur mutuelle… La création d'un

54 www.insee.fr/fr/statistiques/5893969

55 Haut-commissariat au Plan et Matières grises, Quand les baby-boomers auront 85 ans – Projections pour une offre d'habitat adapté à l'horizon 2030-2050, Service d'information du gouvernement (SIG), 9 février 2023. URL : www.vie-publique.fr/files/rapport/pdf/288140.pdf.

56 Source : Forum Santé 2040 de Futuribles International. URL : www.futuribles.com/folder/forum-prospectif-sante-2040/

57 drees.solidarites-sante.gouv.fr/publications/les-dossiers-de-la-drees/projections-dactivite-hospitaliere-lhorizon-2030

58 www.igf.finances.gouv.fr/igf/accueil/nos-activites/rapports-de-missions/liste-de-tous-les-rapports-de-mi/revue-de-depenses-affections-de.html; et www.lesechos.fr/economie-france/budget-fiscalite/a-la-recherche-deconomies-le-gouvernement-se-penche-sur-les-maladies-chroniques-2073900

bouclier sanitaire est désormais envisagée, c'est-à-dire d'une limite supérieure pour le reste à charge des ménages.

À l'horizon 2040, selon l'association Futuribles International, les besoins de santé liés aux maladies chroniques pourraient croître de l'ordre de 30 %, en lien à la fois avec des facteurs sociodémographiques et avec des facteurs environnementaux[59]. Le système de protection sociale sera-t-il en capacité de les prendre en charge ?

En matière de santé, de nouveaux arbitrages seront donc indispensables entre des besoins toujours plus nombreux et des moyens financiers plus contraints. Les dépenses des ménages en santé (aujourd'hui les plus faibles de l'Union européenne) pourraient donc croître à l'avenir, dans des proportions qui pourraient varier fortement selon les individus. En outre, l'enjeu de la qualité et de l'accessibilité des soins pourrait devenir crucial, notamment dans les territoires déjà considérés comme des déserts médicaux. Et, sur ce plan, le potentiel de la télémédecine devra encore être confirmé puisque, pour l'instant, elle est principalement utilisée par des patients jeunes et urbains, à l'opposé donc des profils ciblés initialement par cette pratique[60].

3. Valoriser les relations sociales

Il existe une autre catégorie de besoins, souvent négligée, car à la fois difficile à mesurer statistiquement et traditionnellement ignorée par le capitalisme. Il s'agit du besoin de sociabilité, autrement dit, du besoin anthropologique d'appartenir à des communautés, et donc de pouvoir avoir des interactions de qualité avec d'autres personnes. Dans ce domaine, différentes tendances se sont succédé puis cumulées. Au cours du dernier siècle, les Français (comme leurs homologues européens) ont

59 www.futuribles.com/environnement-et-risques-sante-en-france-a-lhorizon-2040

60 drees.solidarites-sante.gouv.fr/publications-communique-de-presse/etudes-et-resultats/sept-teleconsultations-de-medecine-generale

progressivement pris de la distance avec ce qu'on appelle les communautés « héritées » : religions, syndicats, mais aussi les différents groupes sociaux que peuvent constituer la famille, les classes sociales... Nous n'avons ainsi jamais été aussi libres de choisir nos amis, les personnes avec lesquelles nous souhaitons fonder une famille, mais également de mettre un terme aux relations qui ne nous conviennent plus. Mais en contrepartie, nous sommes davantage exposés au risque de solitude. Selon l'INSEE, un quart des personnes vivent seules, un tiers à deux. En 2050, ce sont près d'un tiers des Français qui pourraient vivre seuls, notamment des personnes âgées, ainsi que des personnes qui ne sont pas ou plus en couple. En 2023 en France, une personne sur 10 est en situation d'isolement total (en forte progression) et 1 personne sur 3 en fragilité relationnelle[61]. Toutes les classes d'âge sont concernées, y compris les jeunes. Le rôle de la société de consommation dans l'isolement progressif des individus a été pointé par différents analystes[62]. En effet, elle a érigé en priorité le bonheur et l'épanouissement personnel via la consommation plutôt que les relations sociales. De fait, nos modes de vie nous poussent toujours plus à nous replier sur notre logement, notre voiture, nos smartphones... plutôt que d'entretenir les liens avec nos proches.

4. Disposer d'infrastructures de qualité et compatibles avec la transition écologique

Les infrastructures constituent une composante centrale et pourtant invisibilisée de nos sociétés et de la satisfaction de nos besoins. Sans routes et voies ferrées, pas de mobilité, pas de logistique, pas d'approvisionnement des usines ni des magasins.

61 www.fondationdefrance.org/fr/les-solitudes-en-france/etude-solitudes-2024

62 Voir par exemple l'analyse du philosophe Gilles Lipovetsky : www.millenaire3.com/Interview/2013/la-dimension-existentielle-de-la-consommation

Sans écoles ni hôpitaux, pas de citoyens ni de travailleurs éduqués et en bonne santé. La contrepartie de cette dépendance des individus (mais aussi des entreprises) envers les infrastructures est qu'ils peuvent difficilement s'en passer ou les transformer. Comme évoqué précédemment, les individus peuvent modifier certains de leurs comportements, mais ils restent dépendants de la disponibilité ou non d'un certain nombre d'équipements collectifs, qui peuvent déterminer une partie de leurs modes de vie. Or, cet enjeu deviendra encore plus crucial à l'avenir, compte tenu du besoin de renouvellement des infrastructures pour les adapter à la transition écologique et aux impacts du changement climatique.

Selon le cabinet Carbone 4, la transition écologique supposera de repenser les infrastructures de trois secteurs phares : le transport, l'énergie et le numérique[63]. L'exemple du transport peut être développé ici. Le besoin de se déplacer n'a cessé d'augmenter au sein des sociétés occidentales. Ainsi, la distance moyenne parcourue par les individus a été multipliée par cinq au cours du XXe siècle[64]. Ce besoin a été satisfait par la démocratisation de la voiture individuelle au cours du XXe siècle puis, plus récemment et dans une moindre mesure, par la baisse du coût de la mobilité aérienne. Les modes de vie se sont progressivement organisés autour de cette mobilité automobile, qui a permis aux individus de s'éloigner de leur famille, de leur emploi, des cœurs de ville... Cette liberté a été rendue possible à la fois par une industrie de l'automobile thermique efficace et par la construction d'un réseau de routes fiables et entretenues, ainsi que d'un réseau de stations-service, de concessionnaires et de réparateurs... Mais aujourd'hui, le bilan environnemental de la voiture automobile apparaît insoutenable. Comme évoqué précédemment, les

63 www.carbone4.com/publication-infrastructures-france

64 theses.hal.science/tel-03082127v1/file/91465_BIGO_2020_archivage.pdf

transports représentent à eux seuls près de trois tonnes dans le bilan carbone moyen des Français, ce qui en fait le premier poste émetteur. Une partie de ces émissions est générée par l'avion, mais l'essentiel relève de l'automobile individuelle, et notamment des consommations de carburant. Par ailleurs, les infrastructures routières sont vulnérables aux impacts du changement climatique (inondations, déformation et vieillissement prématuré des routes et des rails). En Europe, les coûts des dommages aux infrastructures de transport liés aux aléas climatiques pourraient passer d'environ 600 millions d'euros par an en moyenne, à 3 milliards sur la période 2010-2040 et 6 milliards sur 2041-2070[65].

La transition écologique supposera à la fois d'investir dans des infrastructures plus vertueuses et de désinvestir (donc mettre à l'arrêt voire démanteler) une partie des infrastructures historiques. Actuellement, la France accorde davantage de subventions au secteur des énergies fossiles qu'à celui des énergies renouvelables, un équilibre en contradiction flagrante avec les objectifs de la transition climatique[66]. Nos infrastructures devront enfin être adaptées aux conséquences du changement climatique. Mais le financement de cette transition reste peu anticipé, et le rôle des acteurs économiques (qui en bénéficient également) sous-estimé.

65 www.carbone4.com/analyse-faq-fret
66 www.citepa.org/fr/2022_02_a03/

À l'avenir, les besoins immatériels pourraient donc occuper une place de plus en plus grande dans nos vies et nos sociétés. D'autres besoins pourraient encore émerger, comme celui de se rassurer et de trouver du sens dans un monde de plus en plus anxiogène. Aujourd'hui, 7 Français sur 10 se disent pessimistes pour leur avenir et celui de leurs enfants[67].

Le retour des besoins fondamentaux, qu'ils soient matériels ou immatériels, impliquera une évolution de la valeur (économique et sociale) qui leur est accordée ainsi qu'aux ressources qui y sont associées.

Des ressources aujourd'hui considérées comme banales, comme l'eau potable et certains aliments, verraient leur valeur d'usage s'accroître, ce qui permettra théoriquement de réduire les comportements de gaspillage.

Par ailleurs, pour répondre à ces besoins, les Français pourraient être pénalisés par le fait que leurs revenus augmenteront a priori moins vite que le coût d'un certain nombre de ressources et de services.

En effet, comme évoqué précédemment, dans un contexte de croissance économique durablement faible, les salaires vont eux-mêmes ralentir. Il en va de même pour les prestations sociales (pensions de retraite, allocations chômage, RSA...).

Pourtant, le coût de la vie pourrait continuer à croître, notamment pour l'alimentation, l'énergie et certaines matières premières importées. Les situations de mal-être et de frustration risquent donc de croître fortement à l'avenir.

67 www.ifop.com/wp-content/uploads/2024/01/120531-Rapport-SR-N1.pdf

PARTIE 3

Vers la société des besoins

LA perspective de sortie de la société de consommation suscite généralement davantage d'angoisse que d'enthousiasme. Pourtant, comme nous l'avons vu, ce système ne parvient plus à répondre à nos besoins les plus fondamentaux, et cette situation risque encore de s'aggraver à l'avenir. Jusqu'à présent, notre société tend à se concentrer sur la question de la capacité des individus à répondre à leurs besoins pour satisfaire ceux de l'économie. Et si les vraies questions étaient : de quoi avons-nous vraiment besoin ? Et quelle devrait être la place de la marchandisation dans la réponse à ces besoins ? Et si on passait de la société de consommation à la société des besoins ? Plusieurs approches complémentaires peuvent être mobilisées pour imaginer cette nouvelle société.

Mettre en place une nouvelle pyramide des besoins

La définition d'un besoin est toujours liée à une époque, à une culture et une société données. Autrement dit, elle est toujours le résultat d'arbitrages sociaux et politiques, et peut faire l'objet de négociations, voire de luttes, et évoluer au fil du temps. Les débats peuvent aussi porter sur les acteurs considérés comme responsables de sa satisfaction. Le besoin de disposer d'un logement décent doit-il être satisfait par les individus eux-mêmes ? Ou, comme le prévoit la loi française via le DALO (droit au logement opposable), par l'État et des bailleurs sociaux ? Ou encore par les acteurs privés comme les banques, qui doivent garantir l'accès à un prêt bancaire aux ménages qui le souhaitent, ou aux assureurs, qui pourraient faire office de garants pour les locataires n'en disposant pas ?

Compte tenu des limites du fonctionnement actuel de nos sociétés, il est très tentant de vouloir remettre en cause la hiérarchie actuelle des besoins dans notre société, à deux niveaux. D'une part, la pyramide collective des besoins pourrait être repensée, pour que l'économie soit au service de la satisfaction des besoins des individus, de la société et des écosystèmes. Ce qui supposera nécessairement de repenser les besoins et objectifs de l'économie elle-même. D'autre part, on pourrait considérer qu'un certain nombre de besoins des individus ne peuvent être satisfaits que si les limites biophysiques sont respectées, ainsi que certains principes fondamentaux pour la société, comme l'équité et le partage des richesses.

Autrement dit, la pyramide actuelle des besoins mobilisée dans la société et justifiant une grande partie de son organisation pourrait être purement et simplement renversée.

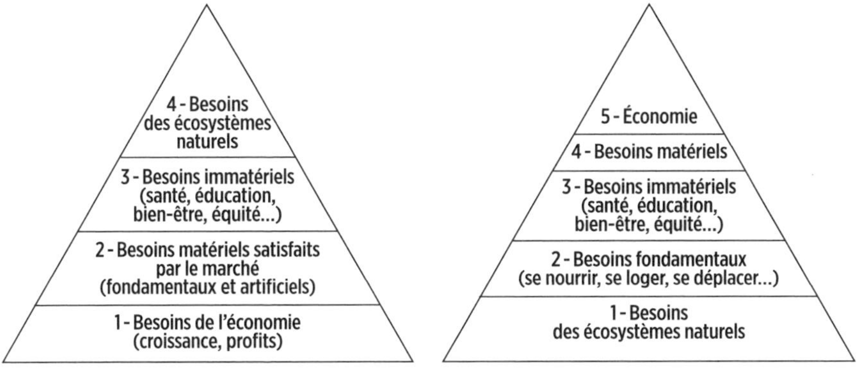

HIÉRARCHISATION ACTUELLE **NOUVELLE HIÉRARCHISATION**

Quelques propositions de hiérarchisation alternative des besoins existent déjà, sur lesquelles il est possible de s'appuyer comme base de réflexion.

Ainsi, l'association négaWatt vise à nourrir les débats sur la transition énergétique au travers de différents travaux engagés. En 2022, elle a publié un manifeste qui propose une distinction entre des besoins « vitaux », qu'il faudra continuer à satisfaire avec la transition écologique, et des besoins « nuisibles », qu'il faudra abandonner[1]. L'édition 2015 du manifeste affirmait même : « Un peu comme nous classons aujourd'hui les appareils électroménagers ou les logements selon l'étiquette énergie qui va de À à G, il est possible de classer l'ensemble de nos besoins selon une échelle allant des besoins “vitaux”, ceux dont aucun être humain ne peut se passer, aux besoins “nuisibles”, ceux dont la satisfaction nous procure un plaisir souvent égoïste et dérisoire au regard des méfaits qu'ils provoquent directement ou indirectement sur l'environnement ou sur autrui, aujourd'hui ou demain[2]. »

Plus récemment, la pandémie générée par le Covid-19 puis la guerre en Ukraine ont aussi constitué des occasions collectives de s'interroger sur nos besoins et sur leur priorisation. Ainsi, au début de la pandémie, le manque de masques a nécessité à la fois de prioriser leur distribution et de s'interroger sur les quantités nécessaires. Le gouvernement a également hiérarchisé les activités professionnelles, mais aussi les besoins individuels et les commerces, afin de distinguer des besoins qualifiés d'essentiels et d'autres de secondaires. Ces décisions ont d'ailleurs suscité un certain nombre de critiques, par exemple lorsque les librairies ont été fermées alors même qu'il était toujours possible de se rendre dans les espaces livres des grandes surfaces ou d'acheter des livres sur Internet.

La crise a également rappelé d'une part qu'il était possible de débloquer des fonds publics et privés conséquents pour faire face à l'urgence, d'autre part que les délais (prises de décisions de

---

1 www.negawatt.org/IMG/pdf/scenario-negawatt-2022-rapport-complet-partie1.pdf

2 Manifeste négaWatt, 2015 : negawatt.org/Manifeste-negawatt

l'État mais aussi des entreprises, investissements, mise au point d'un vaccin...) pouvaient être fortement raccourcis pour répondre à l'urgence. En France, les dépenses publiques liées à la pandémie ont représenté six points de PIB de l'année 2020[3].

Les crises sont en effet des moments propices à ce type de réflexion, puisque les tensions sur les ressources et les besoins supposent de faire des choix les plus rationnels possibles. Néanmoins, faudra-t-il attendre que d'autres crises, peut-être encore plus violentes et longues, surviennent pour repenser durablement ce qui nous est nécessaire ? Acceptera-t-on de se voir imposer des logiques de rationnement décidées à la va-vite, avec le risque qu'elles soient injustes et arbitraires ?

Surtout, la hiérarchisation des besoins constitue-t-elle la meilleure solution, compte tenu des limites présentées précédemment ? Elle suppose en effet de parvenir à différencier précisément des besoins fondamentaux de besoins « artificiels », pour reprendre le terme de Razmig Keucheyan. Or, cette distinction risque de s'avérer particulièrement complexe, compte tenu de la multitude de facteurs qui déterminent un besoin.

« Hummm... des donuts » : besoins individuels et collectifs

Plutôt que de hiérarchiser les besoins, il conviendrait plutôt de s'interroger sur les conditions de leur satisfaction. Il ne s'agirait donc pas de définir a priori si un besoin est légitime ou non, mais de définir des espaces, en deçà desquels celui-ci ne peut être considéré comme satisfait, et au-delà duquel, au contraire, il est satisfait aussi bien physiologiquement que socialement. Le seuil inférieur permettrait d'identifier des besoins que notre société ne parvient pas à satisfaire, en particulier pour certaines catégories de population. Il justifierait donc soit la mise en place

3 www.ccomptes.fr/fr/publications/les-depenses-publiques-pendant-la-crise-et-le-bilan-operationnel-de-leur-utilisation

de dispositifs publics pour y répondre, soit un encadrement plus strict du marché pour garantir l'accessibilité des produits et services concernés. Les individus pourraient revendiquer un droit à satisfaire ces besoins, indépendamment de leurs moyens financiers, soit via des solutions publiques, soit via des offres commerciales spécifiques, à prix réduit.

De la même manière, il s'agirait de définir un seuil au-delà duquel la satisfaction de besoins individuels serait considérée comme préjudiciable pour l'environnement mais aussi pour le collectif. Le dépassement de ces seuils pourrait alors, dans certains cas, être interdit. Ainsi, en période de sécheresse, le remplissage des piscines individuelles peut déjà être illégal et, demain, il pourrait en être de même pour l'arrosage des golfs. Ou le dépassement de ces seuils pourrait être soumis à certaines conditions : surcoût financier, mesures de compensation, etc.

L'objectif serait donc de définir une fourchette de satisfaction des besoins qui soit compatible avec un certain nombre d'exigences physiologiques, sociales, économiques, mais aussi environnementales. Selon André Gorz, l'objectif est de réussir à instaurer une « norme du suffisant »[4] pour remplacer celle du « toujours plus » et ses nombreuses limites.

L'une des propositions les plus connues d'encadrement des besoins des sociétés humaines est la théorie du donut de Kate Raworth[5]. Cette économiste britannique a proposé, en 2017, une représentation synthétique des besoins des sociétés humaines délimitée par deux frontières :

- une frontière sociale interne, correspondant aux besoins fondamentaux (au sens de Maslow : se nourrir, se loger, se soigner...) qui doivent être assouvis pour tous les individus ;

4 « L'écologie politique entre expertocratie et autolimitation », Actuel Marx, n° 12, 2e semestre 1992, repris dans Ecologica, Paris : Galilée, 2008.

5 www.kateraworth.com/

• une frontière environnementale externe, correspondant aux besoins des écosystèmes terrestres, définis par les limites planétaires qu'il ne faut pas dépasser.

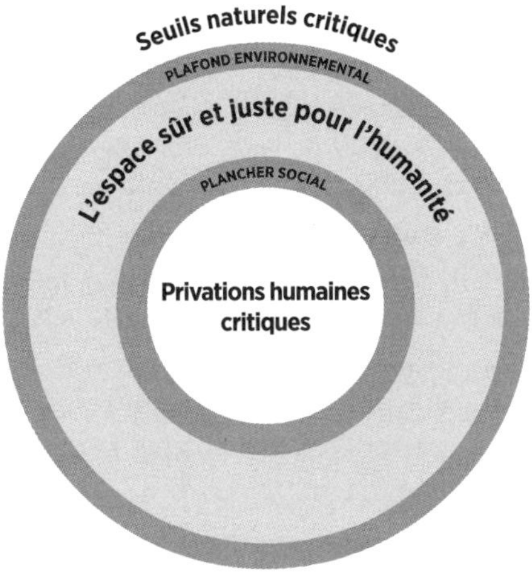

Représentation simplifiée du donut: un espace sûr dans les limites sociales et environnementales.
Source: Kate Raworth

Le donut délimité par ces deux frontières correspond à l'espace disponible pour l'humanité pour satisfaire ses besoins, en garantissant donc à la fois le respect des besoins individuels et de ceux de la planète.

La théorie du donut a, depuis sa publication, fait l'objet de différentes tentatives d'application à l'échelle de pays ou de villes. Des chercheurs britanniques ont repris la théorie du donut pour l'améliorer, et ont calculé son évolution dans 150 pays[6]. En 2015 (date du dernier calcul), la France dépassait 6 des 7 limites planétaires, mais répondait à tous les besoins sociaux, sauf en matière d'emploi et de satisfaction des individus envers la vie.

6 goodlife.leeds.ac.uk/

Des villes tentent également d'appliquer la théorie du donut à leur échelle, comme Grenoble ou Amsterdam[7]. Et, en Suisse, un référendum a été organisé en février 2025 afin d'acter le principe d'une limitation des activités économiques pour qu'elles soient compatibles avec les limites planétaires[8].

Selon l'Agence européenne de l'environnement, aucun pays européen n'a pour l'instant réussi à rester dans les limites du donut, puisque la satisfaction des besoins des individus semble se faire au détriment de ceux de l'environnement[9]. Le bilan est, sans surprise, inversé pour les pays les plus pauvres, qui restent en deçà des limites planétaires mais ne répondent pas non plus aux besoins de leurs populations. Cela signifie-t-il que la théorie du donut restera inapplicable ? Pas nécessairement, car ces bilans constituent de simples photographies des sociétés actuelles, qui ne disent rien des marges de manœuvre qui pourraient permettre de réduire l'impact environnemental des sociétés développées tout en garantissant les besoins fondamentaux.

Identifier des seuils minimaux et maximaux pour les besoins pose néanmoins aussi un certain nombre de questions : comment savoir si un besoin est satisfait ? Même quand il s'agit de la faim, sa satisfaction ne résume rarement à une approche nutritionnelle. Un repas n'aura pas la même saveur selon son contenu, selon le contexte dans lequel il est pris (seul ou avec des amis ? en terrasse au soleil ou sur un coin de table ?), son prix, etc.

La même question peut se poser avec le logement : considère-t-on que le besoin de se loger est satisfait dès lors qu'une personne ne dort pas dans la rue ? Où faut-il prendre en compte une surface minimale et certains critères de confort ? Si oui, lesquels ?

7 francevilledurable.fr/outils/la-theorie-du-donut-une-nouvelle-boussole-pour-penser-lavenir-a-grenoble/

8 bonpote.com/un-vote-pour-les-limites-planetaires-en-suisse-linitiative-pour-la-responsabilite-environnementale/

9 www.eea.europa.eu/publications/is-europe-living-within-the-planets-limits

Et si nous définissions des couloirs de consommation suffisante pour chacun et pour tous ?

Pour appliquer ce concept, il pourrait être utile de décliner la théorie du donut de Kate Raworth à l'échelle individuelle. C'est ce que proposent sept auteurs américains avec le concept de « couloirs de consommation » (consumption corridors)[10]. Ces couloirs désignent « un espace entre des niveaux minimums de consommation, qui permettent à chaque individu de mener une bonne vie, et les niveaux de consommation maximum, qui empêchent les individus de consommer dans des quantités ou d'une manière qui nuisent aux chances des autres de faire de même. Selon ses auteurs, ce concept vise à identifier les niveaux de consommation suffisante (*enoughness*) pour chacun et pour tous. Il ne s'agit pas en revanche de prôner l'ascétisme ou des privations injustifiées.

Différents couloirs peuvent être envisagés en fonction des ressources et des postes de consommation. La taille de chaque couloir peut varier au fil du temps, en fonction des informations disponibles sur les besoins et les limites, mais aussi en fonction des choix collectifs qui seront faits. La limite de ce concept est qu'il considère que le bien-être des individus est principalement lié à leur niveau de consommation, sans intégrer d'autres facteurs immatériels tout aussi déterminants et déjà évoqués (vie sociale, état de santé, épanouissement personnel, etc.).

Néanmoins, cette approche reste particulièrement stimulante à exploiter, dans la logique de celle du donut, afin d'envisager que des seuils minimaux et maximaux de satisfaction des besoins puissent être instaurés.

Le concept de donuts individuels ou de couloirs de consommation décents et durables pourrait ainsi être décliné pour les

10 www.taylorfrancis.com/books/oa-mono/10.4324/9780367748746/consumption-corridors-doris-fuchs-marlyne-sahakian-tobias-gumbert-antonietta-di-giulio-michael-maniates-sylvia-lorek-antonia-graf

principaux besoins fondamentaux des individus donnant lieu à des consommations matérielles : **se nourrir**, **se loger**, **se déplacer, se vêtir** et **communiquer**.

Besoin I. Se nourrir : moins de viande et de gaspillage, plus de produits bio et locaux

Manger est l'un des besoins fondamentaux les plus indiscutables. Mais, même dans ce domaine, déterminer à quelles conditions notre besoin de nous nourrir est satisfait mérite d'être analysé. Trois dimensions doivent être prises en compte :

- consommer suffisamment de calories pour satisfaire nos besoins physiologiques, tout en évitant les excès et le gaspillage alimentaire ;
- « bien manger », donc adapter le type d'aliments consommés à des exigences sanitaires ;
- « manger durablement », donc adopter un régime alimentaire le moins carboné possible.

L'enjeu du « bien manger » est donc double : faire en sorte que l'alimentation contribue à la bonne santé des individus, et que son impact sur l'environnement (y compris sur le bien-être animal) soit le plus réduit possible. Notons néanmoins que cette définition exclut une autre composante pourtant fondamentale, celle du plaisir de partager un repas avec d'autres personnes qui peut, par certains égards, s'apparenter à un véritable besoin.

L'alimentation représente en moyenne un quart de l'empreinte carbone des Français[11]. Mais à quoi pourrait ressembler un régime alimentaire plus sobre ? Les différents travaux prospectifs réalisés sur ce thème mettent en avant **trois transformations phares**.

1. Réduire la part de protéines animales, notamment de viande rouge. Le scénario Afterre de Solagro estime ainsi qu'en 2050, l'assiette des individus devrait être composée d'un tiers de

11 economie-circulaire.ademe.fr/alimentation-durable

protéines animales et de deux tiers de protéines végétales, soit l'inverse de la situation actuelle[12]. Dans les scénarios Transition(s) 2050 de l'ADEME, compatibles avec l'objectif de neutralité carbone, la consommation de viande diminue même de 70 % dans le scénario le plus ambitieux sur ce point[13]. Cette réduction de la consommation de viande permettrait de réduire l'impact carbone de notre alimentation de 1,6 tonne à 1 tonne en moyenne.

Selon des chercheurs du Lancet, les Français mangent en moyenne deux à trois fois plus de viande que ce qui correspondrait à un régime alimentaire à la fois sain et durable[14]. Suivre ce régime alimentaire permettrait de réduire le risque d'obésité, de diabète de type 2, de maladies cardiovasculaires et même de gagner jusqu'à 10 ans d'espérance de vie.

À l'échelle mondiale, la FAO estime que 70 % des terres agricoles sont utilisées pour les besoins de l'élevage : pâturage des animaux, mais surtout production de nourriture spécifique. Le secteur représente à lui seul 14 % des émissions mondiales de GES, dont 9 % pour l'élevage bovin[15].

2. Augmenter la part des aliments biologiques dans nos assiettes. Dans le scénario Afterres, 45 % des productions végétales sont biologies en 2050 (soit trois fois plus qu'aujourd'hui), auxquels s'ajoute 45 % de production intégrée (visant à réduire l'impact environnemental de l'agriculture) ; et 70 % dans le scénario ADEME le plus ambitieux.

3. Réduire le gaspillage alimentaire. Selon Solagro, le nombre moyen de calories ingérées par les Français devrait diminuer d'un tiers, et les pertes et gaspillages être divisés par deux, tout comme dans les scénarios ADEME.

---

12 afterres2050.solagro.org/decouvrir/scenario/

13 www.ademe.fr/les-futurs-en-transition/

14 reseauactionclimat.org/climat-et-sante-des-enjeux-lies/

15 www.notre-environnement.gouv.fr/actualites/breves/article/alimentation-et-environnement-les-enjeux-de-la-consommation-de-viande-en-france

Enfin, deux ingrédients supplémentaires pourraient être ajoutés à cette assiette alimentaire idéale. D'une part, la priorité donnée aux fruits et légumes de saison et locaux. D'autre part, la réduction des aliments ultratransformés (c'est-à-dire ceux soumis à d'importants processus de transformation industrielle et contenant des arômes et/ou des additifs), dont l'impact sanitaire est désormais démontré[16].

Le rapport du BASIC déjà cité propose quant à lui de décliner la théorie du donut de Kate Raworth au système agroalimentaire, ce qui se traduit par le schéma suivant. On y retrouve à la fois des dimensions économiques (conditions de travail, niveau de vie...), sociétales (santé, cohésion sociale...) et environnementales (bien-être animal, biodiversité, eau).

16 www.inserm.fr/c-est-quoi/pas-si-super-cest-quoi-un-aliment-ultra-transforme/

Besoin II. Se loger : des logements plus petits, partagés et mieux isolés

Le secteur du logement représente 20 % des émissions françaises de CO_2, ce qui en fait le deuxième secteur le plus émetteur du pays[17]. Il est aussi responsable d'importantes consommations de sol, de matières premières pour la construction et la rénovation, et d'énergie pour le chauffage. **Trois enjeux majeurs** se dessinent pour l'avenir :

- continuer à répondre aux besoins en logement de la population tout en limitant l'artificialisation ;
- optimiser le taux d'occupation des logements déjà construits ;
- mieux isoler les logements anciens pour améliorer le confort de leurs occupants.

I. Des logements plus petits pour des ménages moins peuplés

Au cours des 40 dernières années, les terres artificialisées ont augmenté de 70 % en France alors que, sur la même période, la population n'a augmenté « que » de 19 %[18]. Au cours des 10 dernières années, les deux tiers des terres artificialisées en France l'ont été pour construire des logements, même si le rythme de l'artificialisation tend à ralentir. Plusieurs facteurs majeurs expliquent que nous consommions toujours plus de terres pour construire des logements. En premier lieu, évidemment, la croissance de la population, même si celle-ci tend donc à ralentir, comme expliqué précédemment. Surtout, cette croissance va de pair avec une diminution du nombre de personnes par ménage : actuellement, plus d'un tiers des logements sont occupés par une personne

17 www.notre-environnement.gouv.fr/themes/climat/les-emissions-de-gaz-a-effet-de-serre-et-l-empreinte-carbone-ressources/article/les-emissions-des-gaz-a-effet-de-serre-du-secteur-residentiel

18 www.vie-publique.fr/eclairage/287326-zero-artificialisation-nette-zan-comment-proteger-les-sols

seule, et un autre tiers par deux personnes (couples ou adulte seul avec un enfant)[19]. Or, cette réduction a été beaucoup plus rapide que l'évolution de la structure des logements : le parc de logements ne se renouvelle en effet que de 1% par an en moyenne (nombre de constructions et de destructions rapporté au nombre total de logements). En conséquence, la surface disponible par personne dans les logements n'a cessé d'augmenter : elle atteint aujourd'hui 51 m^2 en moyenne, et même 71 m^2 pour les plus de 75 ans[20].

Or, plus d'espace, c'est aussi plus de consommation d'énergie pour chauffer le logement (voire pour le refroidir l'été), et plus de place pour stocker des objets. Si nous achetons et conservons des objets dont nous n'avons pas besoin, c'est aussi parce que nous avons la place pour les garder !

Ces enjeux amènent à s'interroger sur la surface nécessaire aux individus pour « bien vivre » dans leur logement. Or, sur ce plan, les données disponibles sont assez frustes. En France, la surface minimale d'un logement loué est de 9 m^2 (avec une hauteur sous plafond de 2,2 mètres)[21]. Au niveau international, la surface minimum par habitant est établie à 13,9 m^2 par l'International Code Council pour le premier occupant, puis à 9,3 m^2 pour les occupants suivants[22].

Différents chercheurs ont également estimé la surface de logement par habitant compatible avec les limites planétaires[23]. Mais il en ressort une fourchette très large, comprise entre 20 et 35 m^2.

Des alternatives extrêmes aux logements surdimensionnés

---

19 www.insee.fr/fr/statistiques/4277630?sommaire=4318291

20 www.statistiques.developpement-durable.gouv.fr/sites/default/files/2022-12/datalab_essentiel_296_conditions_logements_decembre2022_0.pdf

21 www.service-public.fr/particuliers/vosdroits/F35977/1?idFicheParent=F34905

22 codes.iccsafe.org/content/IRC2018

23 Etudes citées dans : www.taylorfrancis.com/reader/download/dd01773e-dbff-41f9-be95-bc4161a1d451/chapter/pdf?context=ubx

émergent aussi depuis une dizaine d'années, comme les *tiny houses*. Ces mini-logements, qui mesurent en moyenne entre une quinzaine et une trentaine de mètres carrés, peuvent être vendus par des entreprises spécialisées, autoconstruits ou même proposés par des communes ou des bailleurs sociaux, principalement pour des raisons financières[24]. Néanmoins, ces logements restent plus présents dans les médias que dans les campagnes, puisqu'on en compterait moins de 1 000 en France[25].

2. Optimiser les logements existants

Mais l'enjeu majeur pour l'avenir portera moins sur les logements neufs que sur les logements déjà construits. La bonne nouvelle est qu'augmenter le nombre de personnes par logement permettrait à la fois de réduire leur empreinte environnementale (consommation d'énergie, partage d'équipements…) et de réduire les tensions sur le marché immobilier. Un.e retraité.e qui loue une chambre inoccupée à un.e étudiant.e, les colocations, voire le retour des foyers à trois générations sont autant de pratiques bénéfiques aussi bien sur le plan environnemental qu'économique et social. La mauvaise nouvelle est que, jusqu'à présent, ces pratiques se développent peu. Selon l'INSEE, moins de 2 % des ménages sont constitués de personnes qui n'ont pas de lien de parenté, et seul 0,6 % de jeunes en colocation[26].

À l'avenir, un certain nombre de mesures pourraient être prises pour limiter les situations de sous-occupation des logements. Des exemples existent déjà du côté des résidences secondaires. En

24 Voir par exemple : www.lemonde.fr/m-perso/article/2024/09/15/vivre-dans-un-lotissement-de-minimaisons-ce-n-est-pas-grand-mais-je-m-y-sens-bien_6318192_4497916.html

25 www.radiofrance.fr/franceinter/podcasts/c-est-la-france/13h54-c-est-la-france-du-mardi-05-mars-2024-6856655 ; www.proxiland.fr/actualite-nationale/immobilier/y-a-t-il-beaucoup-de-tiny-house-installees-en-france.html

26 www.insee.fr/fr/statistiques/7749698

France, 10 % des logements (soit environ 3,6 millions) sont des résidences secondaires, et leur nombre augmente de 1% par an en moyenne[27]. Or, ces logements sont par définition peu utilisés, mais contribuent pourtant à la pression foncière et immobilière dans certaines régions : 60 % des logements secondaires se situent dans des zones littorales ou montagnardes[28]. Afin de réduire la pression occasionnée par ces logements, des villes suisses ont mis en place un quota maximal de résidences secondaires parmi les logements, et des communes françaises envisagent de le faire[29].

3. Isoler les logements pour réduire leur consommation énergétique et améliorer leur confort

Enfin, le dernier besoin qui pourrait redevenir crucial à l'avenir est celui de disposer d'un foyer tempéré, donc suffisamment chauffé l'hiver, et le plus rafraîchi possible l'été. Mais à partir de quelle température ce besoin peut-il être considéré comme satisfait tout en ne contribuant pas de manière excessive à plomber la facture de chauffage de l'immeuble (s'il est collectif) ou au changement climatique (s'il s'agit d'un chauffage au gaz ou au fioul) ?

Dans ce domaine, des normes peuvent être établies, qui peuvent d'ailleurs varier avec le temps. En 1979, une loi avait fixé à 19 °C la température idéale l'hiver dans les logements, bureaux et lieux d'enseignement[30]. De son côté, l'ADEME fixe désormais la température « normale » d'un salon à 19 °C et celle d'une chambre à 17 °C[31]. Pourtant, jusqu'au milieu du XXe siècle, la température préconisée pour les logements pendant l'hiver était comprise entre 18 °C et… 15 °C, à la fin de la Première Guerre

27 www.insee.fr/fr/statistiques/6653801

28 www.insee.fr/fr/statistiques/5416748

29 immobilier.lefigaro.fr/article/ils-reclament-l-interdiction-de-creer-des-residences-secondaires-au-pays-basque_c21afe2e-a961-11ee-844f-d602fe6ffe3c/

30 Article R 131-20 du Code la construction et de l'habitation.

31 multimedia.ademe.fr/infographies/infographie_mieux_se_chauffer/

mondiale, lorsque le bois de chauffage et le charbon manquaient cruellement[32].

Autrement dit, le besoin de se chauffer constitue à la fois un besoin physiologique et une construction sociale, dont la définition peut donc varier selon les époques, les connaissances scientifiques, les priorités individuelles et collectives, le poids des contraintes, l'influence des pouvoirs publics ou des industriels…[33] Les recommandations en matière de température du logement ou, autrement dit, la définition collectivement admise du besoin en matière de température intérieure pourrait donc à nouveau évoluer à l'avenir, pour intégrer de nouveaux enjeux, comme la lutte contre le changement climatique. Ce qui poserait néanmoins la question des mécanismes de sanction envisageable, soit pour les bailleurs sociaux qui ne respecteraient pas la température minimale de confort, soit pour des occupants qui chaufferaient leur logement au-delà de celle jugée raisonnable. Jusqu'à présent, il s'agit en effet uniquement de recommandations qui donnent rarement lieu à des sanctions[34]. Néanmoins, la multiplication des appareils de chauffage connectés et « intelligents » pourrait théoriquement permettre de réguler directement la température de chauffe et ainsi d'empêcher les dérives.

Besoin III. Se déplacer : des véhicules électriques, de la marche et du vélo, moins de voyages en avion…

En matière de mobilité, deux défis majeurs devront être relevés à l'avenir pour continuer à satisfaire les besoins individuels tout en réduisant leurs impacts environnementaux :

32 www.cairn.info/revue-flux-2020-3-page-102.htm
33 www.nouvelobs.com/idees/20220901.OBS62623/15-19-ou-21-c-le-confort-thermique-est-une-construction-sociale.html
34 www.liberation.fr/environnement/climat/le-chauffage-a-19c-une-obligation-legale-depuis-longtemps-20221007_CT5U4ET6DZAK7JME3LEAHLRZDM/

- **repenser la mobilité quotidienne** pour réduire son impact environnemental tout en s'assurant qu'elle soit accessible au plus grand nombre (financièrement, géographiquement…);
- **repenser la mobilité longue distance** pour réduire la place de l'aviation.

La mobilité quotidienne comprend tous les déplacements de moins de 80 kilomètres réalisés pour se rendre sur son lieu de travail, faire ses courses, emmener ses enfants, pratiquer des loisirs, etc. Aujourd'hui, elle est largement dominée par la voiture, qui représente environ les deux tiers de ces déplacements.

Or, le secteur des transports (en incluant la logistique) représente un tiers de la consommation d'énergie et des émissions de GES de la France[35]. Les voitures particulières représentent à elles seules la moitié de ce total. La SNBC (Stratégie nationale bas carbone, feuille de route pour atteindre la neutralité carbone à l'horizon 2050) prévoit une réduction de près de 100 % des émissions du secteur, alors qu'elles ne diminuent pas depuis 30 ans. Selon le Haut conseil pour le climat, le secteur devra multiplier par 3,2 le rythme de baisse de ses émissions pour atteindre les objectifs de la SNBC à l'horizon 2050[36]. Selon l'association Negawatt, pour atteindre cet objectif, il serait nécessaire, dès 2030, que les Français parcourent cinq fois plus de kilomètres à vélo, et près de 20 % de plus en transports en commun. En parallèle, le recours à la voiture devrait diminuer de 15 %, même si la part des véhicules électriques augmente[37].

Mais comment continuer à répondre au besoin de mobilité des individus tout en réduisant l'impact environnemental de leurs déplacements ? Pour y parvenir, deux voies complémentaires sont explorées par les pouvoirs publics : **la transition vers le véhicule**

---

35 www.statistiques.developpement-durable.gouv.fr/edition-numerique/chiffres-cles-transports-2023/20-emissions-de-gaz-a-effet

36 www.hautconseilclimat.fr/wp-content/uploads/2024/09/2024_09_27_HCC_Rapport_GP_2024_web_VF.pdf

37 negawatt.org/Scenario-negaWatt-2022

électrique et **le déploiement des alternatives à la voiture. Nous y ajoutons la réduction des besoins de mobilité**, y compris **les déplacements en avion**.

1. La transition vers le véhicule électrique

La première solution consiste à remplacer les véhicules thermiques par des véhicules électriques.

L'Union européenne a adopté en 2023 la fin de la commercialisation des véhicules thermiques neufs à partir de 2035. Cette décision s'applique à la France, qui l'avait déjà anticipée en encourageant la commercialisation de véhicules électriques[38].

Selon l'ADEME, le bilan carbone d'un véhicule électrique roulant en France peut être deux à trois inférieur à celui d'un véhicule thermique[39]. L'agence précise néanmoins que ce bilan ne s'applique qu'aux véhicules électriques ayant une petite batterie (inférieure à 60 kWh), puisque la batterie représente l'essentiel de l'impact du cycle de vie de ces voitures.

Néanmoins, au troisième trimestre 2024, les véhicules électriques ne représentaient que 15 % environ des ventes, et étaient en baisse (dans un marché global lui-même en déclin)[40]. Ces voitures ne représentent que 2 % du parc automobile français.

En effet, la transition vers le véhicule électrique est freinée par deux obstacles majeurs : leur coût et le manque d'autonomie des batteries, qui contribue à la mauvaise image de ces véhicules.

En 2024, 60 % des véhicules électriques vendus neufs coûtaient entre 30 000 et 50 000 euros, ce qui les rend

38 www.ecologie.gouv.fr/suivi-convention-citoyenne-climat/les-mesures-pour-le-climat/se-deplacer/article/interdire-des-2025-la-commercialisation-de-vehicules-neufs-tres-emetteurs-les

39 presse.ademe.fr/2022/10/mondial-de-lautomobile-lademe-publie-son-avis-sur-le-vehicule-electrique-une-batterie-de-taille-raisonnable-assure-une-pertinence-climatique-et-economique.html

40 observatoire-electricite.fr/analyses-de-donnees/article/chiffres-des-marches-de-l-electromobilite-3e-trimestre-2024 ; www.ecologie.gouv.fr/politiques-publiques/developper-vehicules-electriques

globalement plus chers que leurs équivalents thermiques[41]. Ce surcoût est largement compensé par le fait que la recharge de la batterie est beaucoup plus économique qu'un plein d'essence. Des aides sont proposées par les pouvoirs publics, mais restent limitées en termes de montant.

Le deuxième obstacle est psychologique : alors que le véhicule thermique a constitué un symbole de liberté pour de nombreuses générations depuis l'après-guerre, le véhicule électrique est au contraire perçu comme une source de contrainte. Ainsi, 85 % des Français considèrent que le véhicule électrique « n'est pas accessible pour eux »[42]. Les deux principaux freins à l'achat mentionnés sont le prix mais aussi l'autonomie des batteries, ainsi que le manque de bornes et la durée de la recharge. À une vitesse de 130 km/h (sur autoroute), l'autonomie moyenne n'est en effet que de 200 km, alors même que les voitures individuelles sont largement utilisées pour les déplacements de longue distance (vacances).

Par ailleurs, la transition vers le véhicule électrique pose une autre question : de combien de véhicules avons-nous réellement besoin ? Certains analystes considèrent en effet que la priorité est de réduire les émissions de gaz à effet de serre du transport, et donc qu'il suffit de remplacer tous les véhicules thermiques par des véhicules électriques pour y parvenir. Ils rappellent en effet que les matériaux (notamment métaux et minerais pour fabriquer les batteries) sont disponibles en quantités suffisantes, et qu'il n'est pas nécessaire de restreindre le nombre de véhicules mis en circulation de ce point de vue[43].

---

41 observatoire-electricite.fr/analyses-de-donnees/article/chiffres-des-marches-de-l-electromobilite-3e-trimestre-2024

42 infos.ademe.fr/article-magazine/les-francais-et-les-vehicules-electriques

43 Voir par exemple : Cédric Philibert, Pourquoi la voiture électrique est bonne pour le climat. Paris : Les Petits matins, 2024. URL : www.lespetitsmatins.fr/collections/essais/321-pourquoi-la-voiture-electrique-est-bonne-pour-le-climat-9782363834034.html

D'autres analystes mettent cependant en avant les impacts environnementaux qui résulteront nécessairement de ce passage au tout électrique. D'une part, l'impact carbone du véhicule électrique dépend de sa taille : pour ceux équipés d'une grosse batterie (supérieure à 60 kWh), selon les calculs de l'ADEME, l'intérêt environnemental « n'est pas garanti »[44]. Or, la majorité des véhicules électriques vendus en France est équipée de grosses batteries. Par ailleurs, la plupart des études qui comparent l'impact des véhicules thermiques et des véhicules électriques se concentrent sur les émissions de gaz à effet de serre, mais négligent les impacts matières de cette transition, c'est-à-dire les volumes de matières premières nécessaires à leur fabrication et les conséquences qui en résulteront en termes de pollutions et de dégradations des écosystèmes. Une étude du WWF conclut ainsi que les besoins en métaux critiques nécessaires à la transition vers le véhicule électrique ne seront tenables qu'en privilégiant les petits véhicules et en réduisant la part de la voiture dans les déplacements[45].

Compte tenu de ces impacts, des analystes considèrent que le renouvellement du parc automobile avec des véhicules électriques constitue une occasion unique de repenser notre rapport même à la voiture. Selon l'ADEME, « répliquer le modèle d'utilisation du véhicule thermique sur le véhicule électrique ne suffira donc pas. » car « la voiture électrique ne remplacera pas le véhicule thermique sur tous ses usages », compte tenu du manque d'autonomie des batteries, des prix des véhicules, des besoins

44 presse.ademe.fr/2022/10/mondial-de-lautomobile-lademe-publie-son-avis-sur-le-vehicule-electrique-une-batterie-de-taille-raisonnable-assure-une-pertinence-climatique-et-economique.html

45 www.wwf.fr/sites/default/files/doc-2023-11/WWF_Rapport%20Me%CC%81taux%20Critiques_0911_HD.pdf

en infrastructures (notamment bornes de recharge)…[46] Ainsi, au lieu de remplacer les près de 40 millions de véhicules aujourd'hui en circulation en France, l'agence invite donc à repenser la place de l'automobile dans nos déplacements, pour développer des pratiques de partage. En effet, 40 % des trajets en voiture sont effectués par une personne seule, et seuls 3 % des conducteurs pratiquent le covoiturage[47].

Les Français pourraient également recourir davantage à des modes de transport alternatifs (transports en commun, marche, vélo…), mais aussi moins se déplacer.

2. Les alternatives à la voiture

Peut-on imaginer des mobilités moins dépendantes de la voiture individuelle ? De nombreuses études ont tenté l'exercice, et affichent des objectifs plus ou moins ambitieux dans ce domaine. Moins utiliser la voiture, c'est réduire les pollutions associées (pour les véhicules thermiques), les consommations de matières premières, mais aussi l'espace qui y est consacré (routes, parkings), réduire les risques d'accidents et améliorer l'état de santé des conducteurs en les incitant à bouger davantage. Et le potentiel est a priori important, puisque 70 % de nos déplacements quotidiens sont effectués en voiture, et même 60 % des déplacements de moins de 5 km[48].

À l'inverse, seuls un quart des déplacements quotidiens des Français sont effectués à pied, moins de 10 % en transports en commun et 2 % en vélo. Ces chiffres s'expliquent par deux freins majeurs :
- le fait que ces modes de transport ne sont pas forcément

46 presse.ademe.fr/2022/10/mondial-de-lautomobile-lademe-publie-son-avis-sur-le-vehicule-electrique-une-batterie-de-taille-raisonnable-assure-une-pertinence-climatique-et-economique.html

47 www.ecologie.gouv.fr/sites/default/files/documents/DE_4p_covoiturage-v4-050722_SH_OK.pdf

48 www.statistiques.developpement-durable.gouv.fr/media/6338/download?inline

adaptés aux pratiques et aux caractéristiques des individus (contraintes des parents de jeunes enfants aux horaires peu flexibles, contraintes physiques des personnes âgées…) ;
– le manque d'accessibilité (horaires et localisation des arrêts de transports en commun, accès et sécurité des pistes cyclables…).
La croissance du nombre de cyclistes dans les villes françaises s'explique ainsi en grande partie par le développement de pistes cyclables adaptées, créant un effet boule de neige autour de cette pratique. Ainsi, à Paris intra muros, 11 % des déplacements se font désormais à vélo, soit trois fois plus qu'en voiture, et une multiplication par quatre en 15 ans[49].

3. La réduction des besoins de mobilité

Et si, demain, nous nous déplacions moins ? Cette option, rarement envisagée, pourrait pourtant permettre d'aborder différemment les enjeux de mobilité. Le besoin de mobilité, peut-être encore davantage que les autres, peut en effet varier fortement selon les périodes, les individus et les usages. Or, deux tendances pourraient conduire à réduire ce besoin à l'avenir. La première, que les lecteurs attentifs auront déjà identifiée, est bien sûr à nouveau le vieillissement de la population. Des personnes âgées, qui ne travaillent plus, peuvent mécaniquement moins se déplacer, ce qui ne signifie pas qu'elles doivent passer tout leur temps à leur domicile. Mais elles peuvent en tout cas mieux optimiser leurs déplacements (par exemple enchaîner des courses) et être moins contraintes par le temps, donc pouvoir envisager d'autres modes de transport (bus, marche…). La deuxième tendance est le potentiel du numérique pour transférer au moins une partie de nos activités du quotidien en ligne. Pour la première fois dans l'histoire de l'humanité, les individus n'ont plus besoin de se déplacer pour satisfaire certains de leurs besoins,

49 www.paris.fr/pages/inedit-le-velo-surpasse-la-voiture-a-paris-et-en-petite-couronne-et-de-loin-26832

puisqu'ils peuvent soit accéder aux services correspondants en ligne, soit se faire livrer un nombre infini de produits chez eux ou à proximité. De fait, nous passons en moyenne 16 heures par jour dans notre logement[50], les deux tiers des Français achètent en ligne de leur domicile plutôt qu'en magasin, près d'un salarié sur trois télétravaille (Dares). Dans les grandes agglomérations françaises, la mobilité quotidienne a d'ailleurs déjà commencé à diminuer, sous l'influence de ces deux facteurs[51]. Ce repli sur le foyer interroge bien sûr sur son impact sur les relations sociales.

4. Diminuer l'impact des voyages en avion

Le besoin de voyager peut se justifier par le désir de s'évader, de découvrir de nouvelles cultures et de se sentir appartenir à une classe sociale aisée. Néanmoins, celui-ci est de plus en plus satisfait, au sein des sociétés européennes, par des trajets en avion, qui constitue un mode de transport particulièrement élitiste : 95 % de la population mondiale n'a jamais pris l'avion. En France, les classes supérieures représentent la moitié de ces passagers, soit deux fois plus que leur proportion dans la population totale[52]. Or, l'aviation civile est à elle seule responsable d'environ 5 % des émissions mondiales de gaz à effet de serre.

Dans le scénario Négawatt cité précédemment, afin d'atteindre la neutralité carbone, dès 2030, les déplacements en avion à l'intérieur de la France métropolitaine devraient, quant à eux, diminuer de 80 % (au profit du train majoritairement), et les déplacements internationaux de 25 %[53].

La satisfaction du besoin de voyager en avion apparaît donc

---

50 www.santepubliquefrance.fr/content/download/146202/2133515

51 www.statistiques.developpement-durable.gouv.fr/dans-les-grandes-agglomerations-la-mobilite-quotidienne-des-habitants-diminue-et-elle-augmente?rubrique=&dossier=1345

52 www.futuribles.com/vers-une-diminution-des-deplacements-en-avion/

53 negawatt.org/Scenario-negaWatt-2022

à la fois comme élitiste et néfaste à l'ensemble de l'humanité, puisqu'elle génère un impact environnemental disproportionné et largement irréversible. Razmig Keucheyan parle de besoin « égoïste ». De fait, la liberté de voyager en avion fait l'objet de critiques croissantes.

En 2023, Jean-Marc Jancovici a même proposé que le nombre de vols en avion soit limité à quatre par adulte au cours de la vie[54]. Selon une enquête, 40 % des Français se disent favorables à une telle mesure[55]. Parallèlement, la même proportion de personnes se dit fière lorsqu'elles renoncent à prendre l'avion. Néanmoins, une fois encore, le poids de ces discours doit être relativisé : seul un Français sur cinq affirme avoir déjà renoncé à voyager en avion[56] et, au niveau national, les aéroports ont quasiment retrouvé leur fréquentation de 2019[57].

Certains analystes recommandent d'interdire les vols pour des trajets qui peuvent être effectués facilement via un autre mode de transport (notamment le train) et/ou les trajets en avion inférieurs à 1000 kms. C'était l'objectif d'un projet de loi déposé en 2020 par les députés Delphine Batho et François Ruffin, qui proposait d'instaurer un quota de kilomètres en avion par personne et par an.

Dans tous les cas, en matière de mobilité, l'évolution des imaginaires et des représentations sera fondamentale. Il sera en effet nécessaire de décorréler le besoin de mobilité de celui d'accessibilité d'une part et de rapidité d'autre part. Le voyage pourra ainsi de nouveau être associé à la lenteur, et valoriser l'importance de la distance et du déplacement lui-même. Si cette

54 www.radiofrance.fr/franceinter/podcasts/l-invite-de-8h20-le-grand-entretien/l-invite-de-8h20-le-grand-entretien-du-mardi-30-mai-2023-5670062

55 www.midilibre.fr/2023/07/30/prendre-lavion-quatre-fois-dans-sa-vie-pres-de-la-moitie-des-francais-disent-adherer-selon-un-sondage-11368064.php

56 ADEME, baromètre de la sobriété et des modes de vie, op. cit.

57 www.insee.fr/fr/statistiques/serie/010001977#Graphique

perspective peut paraître déstabilisante dans notre société plus habituée à l'accélération, rappelons qu'aujourd'hui en France, moins de la moitié des personnes travaillent. L'essentiel de la population est en effet constitué d'inactifs, notamment de retraités. Même pour les salariés, des aménagements pourraient être envisagés. Ainsi, des entreprises proposent à leurs salariés des jours de congé supplémentaires pour TTR, ou temps de trajet responsable, c'est-à-dire lorsqu'ils ne prennent pas l'avion pour des trajets longs[58].

Besoin IV. S'habiller : moins de vêtements, plus solides et plus durables

L'un des postes qui symbolise le plus le gaspillage et la surconsommation est celui de l'habillement. Les chiffres du secteur donnent en effet rapidement le tournis. L'industrie de la mode est responsable de 4 % des émissions mondiales de GES. Pour respecter l'objectif de contraindre le réchauffement climatique à 1,5 °C (ce qui est désormais plus que compromis, voire impossible), le secteur devrait réduire ses émissions de 60 % dans les pays riches[59].

Selon l'ONG Fashion Revolution, en moyenne, 100 milliards de vêtements sont fabriqués chaque année dans le monde pour 8 milliards d'habitants. Selon l'ONG, nous avons déjà fabriqué assez de vêtements pour habiller l'humanité jusqu'en 2100[60]. Selon une autre ONG, Refashion, rien qu'en France, 3,2 milliards de pièces ont été vendues en 2023 (en incluant le linge de maison et les chaussures), soit plus de 40 pièces par personne[61].

L'ADEME a interrogé des foyers français sur les objets qu'ils

58 www.lemonde.fr/emploi/article/2024/09/05/ceux-qui-veulent-plus-de-conges-prendront-le-train_6304527_1698637.html

59 hotorcool.org/wp-content/uploads/2022/12/Hot_or_Cool_1_5_fashion_report_.pdf

60 vert.eco/articles/catherine-dauriac-nous-avons-produit-assez-de-vetements-pour-habiller-la-planete-jusquen-2100

61 refashion.fr/pro/sites/default/files/fichiers/refashion_barom%C3%A8tre_ventes_2024_vdef.pdf

possèdent et les usages qu'ils en font[62]. Dans cette enquête, il est apparu que les adultes interrogés possédaient deux fois plus de chaussures que ce qu'ils pensaient, et trois fois plus que ce dont ils estiment avoir besoin. Pour les vêtements, les femmes interrogées peuvent en posséder jusqu'à 500 ! Et les hommes deux fois moins, mais donc un maximum de 280 tout de même... Or, il est estimé qu'au moins un quart des pièces présentes dans les garde-robes ne sont pas utilisées[63].

Cette surconsommation a été rendue possible par l'explosion de l'offre commerciale et par la diminution des prix. Depuis les années 1970, les prix des vêtements ont augmenté moins rapidement que ceux des autres biens, grâce à la délocalisation de l'essentiel de la production dans des pays à bas coût de salaires[64]. Cette baisse, associée à l'explosion de l'offre (notamment via la fast fashion), explique en grande partie que les armoires des Français débordent aujourd'hui de vêtements au mieux peu utilisés, au pire encore étiquetés.

Aujourd'hui, en France, cette stratégie ne suffit plus à dynamiser les ventes : celles des vêtements neufs diminuent depuis une dizaine d'années[65]. Les besoins en vêtements des Français semblent en effet largement satisfaits, et peuvent même être réduits dans une société vieillissante, où le nombre d'enfants diminue (alors que la majorité des achats leur sont aujourd'hui destinés).

Néanmoins, comme toujours, il convient de regarder aussi l'autre extrême, celui composé des ménages précaires, qui peuvent encore avoir du mal à satisfaire leurs besoins en matière d'habillement. Parmi les 20 % des ménages les plus modestes,

62 vert.eco/wp-content/uploads/2022/02/DP_ADEME_OSEZ-CHANGER.pdf

63 hotorcool.org/wp-content/uploads/2022/12/Hot_or_Cool_1_5_fashion_report_.pdf

64 Source : INSEE, Comptes de la nation. Coefficient budgétaire hors loyers imputés et sifim

65 www.syndex.fr/actualites/actualite/lhabillement-un-secteur-en-crise

près d'un quart affirme avoir des difficultés pour acheter des vêtements neufs[66]. Ils peuvent heureusement le plus souvent recourir à d'autres solutions, comme l'achat d'occasion ou le don.

En parallèle, des militants et des influenceurs (ou plutôt des influenceuses, la majorité étant des femmes) revendiquent de vivre avec des garde-robes capsules, minimalistes, composées en général d'une trentaine d'articles au maximum[67].

Alors, de combien de vêtements avons-nous besoin ? Il est a priori difficile de répondre à cette question. Des chercheurs ont néanmoins tenté l'exercice : selon eux, le nombre minimum de pièces nécessaires aux besoins quotidiens est de…85. En incluant tous les articles et des vêtements pour toutes les saisons (sous-vêtements, chaussures, etc.), et en intégrant un objectif de réduction de l'impact environnemental du poste vestimentaire.

Pour arriver à ce total, ils rappellent tout d'abord que, dans les années 1960, les armoires françaises ne contenaient que 40 pièces en moyenne (dont environ 25 vêtements).

Puis ils ont estimé l'impact actuel de la consommation de vêtements dans une dizaine de pays en termes d'émissions de CO_2[68]. Ils ont ainsi identifié un « seuil de consommation durable » de textiles, correspondant donc à un niveau compatible avec l'objectif de limitation du réchauffement climatique à 1, 5°C d'ici la fin du siècle. Ce niveau correspond à environ 130 kg d'émissions de GES par personne et par an. Pour la France, il est estimé que chaque personne émet en moyenne 146 kg de GES pour l'achat de vêtements. Les Français sont donc globalement plus sobres que les Américains ou les Japonais, qui sont à près de 400 kg. Néanmoins, comme toujours, cette moyenne ne signifie pas grand-chose, compte tenu de l'hétérogénéité des pratiques selon

66 www.inegalites.fr/Consommation-de-quoi-se-privent-les-pauvres

67 Voir par exemple : hotorcool.org/wp-content/uploads/2022/12/Hot_or_Cool_1_5_fashion_report_.pdf

68 hotorcool.org/wp-content/uploads/2022/12/Hot_or_Cool_1_5_fashion_report_.pdf les individus considérés. Ainsi, les 20 % les plus riches ont une consommation de vêtements deux fois plus élevée, et devraient donc la réduire de moitié pour atteindre cet objectif.

Les chercheurs identifient deux pratiques principales pour réduire l'impact environnemental de l'habillement : acheter moins de vêtements neufs et faire durer les vêtements plus longtemps. Trois autres pratiques s'avèrent importantes : réduire le lavage et le séchage en sèche-linge, recourir à l'occasion et donner une deuxième vie aux textiles.

Le cycle de baisse des prix des vêtements pourrait prochainement toucher à sa fin. En effet, les coûts de fabrication des textiles pourraient eux-mêmes croître, et se répercuter sur les prix de vente. Le coton est en effet une culture très gourmande en eau, et particulièrement vulnérable aux impacts du changement climatique. Selon certains scénarios, près de la moitié des zones mondiales de culture du coton pourraient être fortement affectées d'ici 2040[69]. Alors que la demande mondiale reste dynamique, la production pourrait être ralentie volontairement par des pays producteurs préférant conserver leurs ressources en eau et/ou par une aggravation du stress hydrique. Les prix du coton tendent d'ailleurs déjà à augmenter depuis une dizaine d'années[70]. Enfin, l'évolution progressive de la production vers des modes de production plus durables (notamment via l'agriculture biologique) entraînera aussi une hausse des prix.

69 www.iisd.org/system/files/2023-02/2023-global-market-report-cotton-fr.pdf
70 tradingeconomics.com/commodity/cotton

Besoin V. Communiquer : moins d'URL, plus d'IRL

Un dernier exemple d'encadrement des pratiques peut être donné avec le numérique. La rapidité et l'ampleur des usages du numérique génèrent en effet trois types d'impacts négatifs qui peuvent justifier de telles mesures : pour la santé, pour les relations sociales et pour l'environnement.

Les 13-19 ans possèdent en moyenne trois écrans personnels (téléphone, télévision, ordinateur…) et passent près de 20 heures par semaine sur Internet. Les moins de 6 ans passent, quant à eux, près de 6 heures par semaine en ligne[71]. Or, l'augmentation du temps passé sur les écrans se fait au détriment du temps de sommeil, d'activité physique et de sociabilité. Il peut entraîner ou aggraver des problèmes de santé physique (myopie, surpoids, mauvaise posture…) et mentale (angoisse, voire isolement social et dépression). Pour réduire ces impacts sanitaires, des mesures de restriction des usages sont régulièrement envisagées. Ainsi, le rapport de la « Commission écran » recommande d'interdire purement et simplement les écrans avant l'âge de trois ans, même si cette mesure semble difficile à mettre en œuvre compte tenu de leur omniprésence dans les foyers[72]. En Chine, le gouvernement a même limité à trois heures par semaine le temps passé par les adolescents à des jeux vidéo en ligne[73]. L'objectif est de lutter contre les phénomènes d'addiction mais aussi contre la myopie, qui touche désormais la très grande majorité des jeunes.

Par ailleurs, le numérique devient un nouveau facteur d'inégalités voire d'exclusion sociale. Aujourd'hui, 90 % des Français utilisent Internet, mais ce taux tombe à 64 % chez les plus de 70 ans. Surtout, un quart des Français (et même un tiers

---

71 www.ipsos.com/fr-fr/malgre-un-temps-croissant-passe-sur-les-ecrans-les-jeunes-lisent-toujours-autant

72 www.info.gouv.fr/actualite/pas-decran-avant-trois-ans

73 www.lemonde.fr/idees/article/2024/01/09/jeux-video-la-valse-hesitation-du-regulateur-chinois_6209845_3232.html

des non-diplômés) estiment qu'ils ne maîtrisent pas suffisamment les outils informatiques pour pouvoir les utiliser pleinement. Et près d'un quart des plus de 65 ans déclare avoir du mal à remplir leurs démarches administratives. Face à cet enjeu de l'exclusion numérique, les pouvoirs publics ont mis en place une nouvelle feuille de route pour l'inclusion numérique 2023-2027 baptisée « France Numérique Ensemble ». Néanmoins, ces mesures semblent globalement insuffisantes, compte tenu du décalage entre la rapidité des innovations technologiques et la capacité des individus exclus du numérique à les adopter. Ce décalage risque encore de s'accroître avec la démocratisation des intelligences artificielles IA (IA) génératives (comme ChatGPT).

Enfin, en France, le secteur du numérique représente un peu plus de 4 % des émissions nationales de GES, soit presque autant que le secteur des poids lourds[74]. Les services numériques représentent à eux seuls 11 % de la consommation électrique nationale. La rapidité du développement des outils d'IA générative pose aussi la question de leur impact en termes de consommation d'énergie et d'eau notamment. Selon l'Agence internationale de l'énergie, la consommation mondiale d'électricité liée à ce secteur pourrait doubler entre 2023 et 2026[75]. À cela s'ajoutent des consommations de minerais et de métaux pour la fabrication des ordinateurs et des data centers.

En réponse, de timides propositions sont avancées pour réduire cet impact environnemental. Par exemple, le ministère de la Transition écologique, de la Biodiversité, de la Forêt, de la Mer et de la Pêche a réalisé avec l'Afnor un référentiel général pour une IA frugale,

74 librairie.ademe.fr/consommer-autrement/5226-evaluation-de-l-impact-environnemental-du-numerique-en-france-et-analyse-prospective.html

75 https://www.ecologie.gouv.fr/actualites/intelligence-artificielle-durable

qui utiliserait moins de ressources sur l'ensemble de son cycle de vie. Le CESE (Conseil économique, social et environnemental) a également formulé six préconisations pour réduire l'impact environnemental de l'IA (portant aussi bien sur la formation, la recherche, la sensibilisation, mais aussi l'écoconception)[76].

Mais une fois encore, ces initiatives, même si elles sont mises en œuvre, resteront largement insuffisantes pour encadrer les usages de l'IA et réduire véritablement son impact environnemental. D'autres mesures plus radicales pourraient être envisagées, comme des quotas, des taxations ou des hiérarchisations des usages du numérique.

Les États-Unis envisagent ainsi de remettre en cause la neutralité du Net, c'est-à-dire le fait que tous les contenus sont accessibles à la même vitesse et au même prix (dans le cadre des abonnements payés par les internautes)[77]. Cette décision s'explique avant tout pour des raisons économiques et de jeux d'acteurs. Mais, à l'avenir, la fin de la neutralité d'Internet pourrait se traduire par une hiérarchisation des besoins numériques et des impacts des pratiques. Par exemple, visualiser des vidéos considérées comme non éducatives (voire pornographiques) ou générer des images récréatives avec une IA pourrait nécessiter de payer un supplément ou supposer d'accepter une vitesse réduite.

76 www.lecese.fr/actualites/quels-effets-lintelligence-artificielle-ia-peut-elle-avoir-sur-lenvironnement

77 www.radiofrance.fr/mouv/podcasts/culture-internet/culture-internet-du-mardi-07-janvier-2025-6484800

La satisfaction des besoins fondamentaux ne pourra s'opérer sans repenser complètement la hiérarchie des besoins dans notre société. Que celle-ci passe par des *donuts* ou des *nachos* (en forme de pyramide), la logique reste la même : prioriser l'humain et les écosystèmes, plutôt que l'économie.

Reste à trouver les fourchettes compatibles avec ces éléments, autrement dit les seuils minimaux et maximaux de satisfaction des besoins fondamentaux dans les principaux domaines de notre vie quotidienne (se nourrir, se loger, se déplacer, se vêtir, communiquer). C'est tout l'enjeu des couloirs de consommation, qui permettent d'objectiver les seuils de satisfaction de bien-être individuel, et de s'accorder collectivement sur ce qui paraît socialement et écologiquement acceptable.

Néanmoins, il ne s'agit pas de supprimer toute liberté individuelle et de définir à notre place quels sont nos besoins et la manière dont nous souhaitons y répondre. Il ne s'agit pas non plus d'entretenir l'illusion que le changement passera avant tout par les comportements individuels. Bien au contraire, pour être véritablement efficace, la transition vers ce nouveau modèle de société devra être systémique et équitable, donc impliquer l'ensemble des acteurs et des secteurs.

PARTIE 4

10 mesures phares pour mieux satisfaire nos besoins demain

À L'AVENIR, il sera donc indispensable de repenser nos besoins, mais aussi les conditions de leur satisfaction. Comment encourager les changements qui apparaissent comme indispensables, sans pour autant surresponsabiliser les individus ?

Comment garantir l'accès aux biens et services considérés comme fondamentaux ?

Comment, à l'inverse, restreindre certaines pratiques lorsqu'elles sont considérées comme néfastes ?

Il n'existe évidemment pas de réponses magiques à ces différents enjeux, mais cette dernière partie recense **10 mesures majeures** qui pourraient être conduites afin de mieux satisfaire nos besoins individuels et collectifs à l'avenir. Elles sont **structurées autour des individus**, **des entreprises et des pouvoirs publics**, qui seront nécessairement en première ligne. Mais elles supposent pour la plupart l'implication simultanée de ces différents acteurs, voire des transformations systémiques de nos modes de vie, notre système économique et nos services publics.

Mieux informer, encourager et orienter les consommateurs

Pour permettre aux individus de mieux satisfaire leurs besoins, tout en réduisant l'impact environnemental de leurs pratiques, un enjeu transverse émerge, celui de l'accessibilité. Il s'agit en effet d'améliorer l'information et l'accessibilité (financière, mais aussi en termes d'infrastructures) des biens et services fondamentaux, tout en réduisant celles des pratiques les plus néfastes sur le plan social et environnemental. Cette accessibilité ne dépend donc que partiellement des individus eux-mêmes qui sont, comme nous l'avons vu, très dépendants à la fois des offres des entreprises, de la qualité des infrastructures et des politiques publiques. Néanmoins, quatre mesures peuvent cibler plus particulièrement les consommateurs pour faire évoluer leurs pratiques, même si elles impliquent aussi les entreprises et les pouvoirs publics.

Mesure I. Interdire la publicité pour les produits et services les plus polluants

Parmi les mesures régulièrement mises en avant pour réduire l'impact environnemental de la consommation figure l'encadrement voire l'interdiction de la publicité pour les produits et services à très fort impact environnemental. Selon certaines études, nous serions exposés tous les jours à plusieurs milliers de messages publicitaires et de stimuli commerciaux[1]. En quelques années, nous nous sommes habitués à être sursollicités par des publicités sur écrans géants numériques dans certains espaces publics, à devoir chercher le corps des articles en ligne au milieu des vidéos et messages commerciaux. Les limites de l'intrusion publicitaire ne sont probablement pas encore atteintes: on en trouve désormais sur certains grands monuments mais aussi dans certaines toilettes de bars ou de restaurants[2]... Le marché publicitaire représente, en France, environ 24 milliards d'euros, soit plus d'1% du PIB, ainsi que la moitié des recettes de la télévision et de la radio[3]. Cette omniprésence de la publicité se double d'une capacité de ce support à capter l'attention grâce à des discours et imaginaires positifs, dans une société saturée de mauvaises nouvelles et d'informations angoissantes. De fait, la publicité continue à inciter les individus à consommer des produits et services dont ils n'ont pas besoin. Elle entretient aussi un certain nombre de normes sociales indispensables au consumérisme, en lien avec la jeunesse, la beauté, la distinction sociale... Autrement dit, elle continue à nous convaincre que nous avons besoin

---

1 www.francetvinfo.fr/politique/la-france-insoumise/les-francais-sont-ils-vraiment-exposes-a-5000-marques-par-jour-comme-l-affirme-francois-ruffin_3692799.html

2 www.linkedin.com/posts/nicolas-majest%C3%A9-0b41b4a9_greentechforum-activity-7259828851273252864-kbdQ?utm_source=share&utm_medium=member_android

3 ethique-sur-etiquette.org/IMG/pdf/rapport-big-corpo-complet_226pg_mai2020.pdf; www.vie-publique.fr/files/rapport/pdf/274683.pdf

d'acheter toujours plus de choses pour être heureux/ses[4]. Selon l'économiste de la décroissance Serge Latouche, le consumérisme repose sur trois piliers : la publicité qui crée le désir de consommer, le crédit qui en donne les moyens, et l'obsolescence programmée qui en renouvelle la nécessité.

Compte tenu de cette influence, la publicité est depuis longtemps dans le viseur de certaines associations et des pouvoirs publics parce qu'elle encourage la consommation de produits néfastes pour la santé ou parce qu'elle peut véhiculer des messages sexistes. Ainsi, depuis 1991, en France, les publicités pour le tabac sont interdites et celles pour l'alcool sont fortement encadrées, notamment pour protéger les jeunes (loi Evin).

Plus récemment, ces critiques à l'encontre de la publicité ont été élargies au fait qu'elle peut encourager l'achat de produits et services à fort impact environnemental. En juin 2024, le secrétaire général de l'ONU, Antonio Guterres, a demandé « à tous les pays d'interdire la publicité pour les entreprises produisant des combustibles fossiles » et incité « les médias et les entreprises technologiques à cesser d'accepter la publicité pour les combustibles fossiles »[5].

En France, en 2020, trois rapports sont parus sur les liens entre publicité et transition écologique : l'un proposé par trois ONG[6], le deuxième par Greenpeace et le Réseau Action Climat[7] et le troisième commandé par la secrétaire d'État à la transition écologique et solidaire[8]. Tous alertaient sur l'importance d'un encadrement de la publicité dans le cadre de la transition

4 www.vie-publique.fr/files/rapport/pdf/274683.pdf

5 www.courrierinternational.com/article/climat-le-secretaire-general-de-l-onu-veut-interdire-les-pubs-pour-les-entreprises-du-secteur-des-energies-fossiles

6 ethique-sur-etiquette.org/IMG/pdf/rapport-big-corpo-complet_226pg_mai2020.pdf

7 www.greenpeace.fr/publicite-pour-une-loi-evin-climat/

8 www.vie-publique.fr/files/rapport/pdf/274683.pdf

écologique. La Convention citoyenne pour le climat avait ensuite l'idée d'une interdiction de la publicité pour les produits les plus polluants[9].

Enfin, en décembre 2024, le Secrétariat général à la planification écologique a publié un nouveau rapport de près de 500 pages intitulé *Contribution et régulation de la publicité pour une consommation plus durable*. Les auteurs confirment l'impact négatif de la publicité sur la consommation responsable, et identifient 13 actions phares pour réguler voire interdire la publicité dans certains secteurs.

Toutes ces recommandations commencent à être prises en compte par les pouvoirs publics. Depuis le 1er janvier 2023, dans le cadre de la loi Climat et Résilience, les publicitaires ne peuvent plus mettre des allégations de « neutralité carbone » d'un produit sans préciser son bilan carbone et d'éventuelles mesures de compensation[10]. Depuis 2025, la publicité pour les vêtements issus de fast fashion (principalement le géant chinois Shein) est théoriquement interdite en France[11]. Nous attendons néanmoins toujours le décret définissant précisément la fast fashion pour que la loi puisse s'appliquer…

En parallèle, des villes commencent à aussi à encadrer la publicité au nom de son impact environnemental. Début 2024, la métropole de Lyon a décidé d'interdire les écrans publicitaires dans tout son réseau de métro, au nom de la sobriété énergétique, mais aussi de la pollution visuelle subie par les usagers[12]. Depuis le 1er janvier 2025, dans les rues de La Haye, sont interdites

9 propositions.conventioncitoyennepourleclimat.fr/objectif/reguler-la-publicite-pour-reduire-les-incitations-a-la-surconsommation/

10 www.legifrance.gouv.fr/jorf/id/JORFTEXT000045570611

11 www.vie-publique.fr/loi/293332-proposition-de-loi-fast-fashion-impact-environnemental-mode-jetable

12 www.sytral.fr/TPL_CODE/TPL_ACTUALITE/PAR_TPL_IDENTIFIANT/5433/440-sytral.htm

les publicités faisant la promotion des combustibles fossiles et de tous les produits et services dont la consommation entraîne de fortes émissions de GES (voyages en avion, véhicules thermiques, ferrys...)[13]. Toujours aux Pays-Bas, la ville de Haarlem a également interdit la publicité pour les énergies fossiles, mais également pour la viande, sur la base des impacts environnementaux générés par cette industrie[14]. La ville d'Edimbourg a également interdit les publicités pour les carburants fossiles et les équipements qui en utilisent[15]. Même tendance du côté des médias : depuis 2020, le journal britannique The Guardian n'affiche plus de publicités pour des sociétés pétrolières et gazières[16].

Néanmoins, l'impact de ces mesures d'interdiction reste limité par le lobbying. Ainsi, les différentes propositions de loi déposées depuis 2020 ont systématiquement été édulcorées voire abandonnées en réponse à la pression des entreprises visées. Par exemple, la loi Climat et Résilience de 2021 a instauré l'interdiction de « la publicité relative à la commercialisation ou faisant la promotion des énergies fossiles », mais elle n'est jamais entrée en vigueur en l'absence de décret d'application[17]. De même, le décret encadrant les allégations en matière de neutralité carbone résulte de nombreuses négociations qui l'ont fortement édulcoré puisqu'à l'origine, c'était une interdiction pure et simple de ces allégations qui était prévue (dans la mesure où la neutralité carbone ne peut pas s'appliquer directement à un objet)[18].

13 www.france24.com/en/live-news/20240913-the-hague-to-ban-fossil-fuel-ads

14 www.theguardian.com/world/2022/sep/06/haarlem-netherlands-bans-meat-adverts-public-spaces-climate-crisis

15 democracy.edinburgh.gov.uk/mgConvert2PDF.aspx?ID=70730

16 www.theguardian.com/media/2020/jan/29/guardian-to-ban-advertising-from-fossil-fuel-firms-climate-crisis

17 www.vie-publique.fr/consultations/284069-projet-decret-interdiction-publicite-energies-fossiles-loi-climat

18 www.carbone4.com/analyse-decret-neutralite-carbone-produits

Par ailleurs, les publicitaires parviennent souvent à contourner les interdictions portant sur les produits en centrant les publicités sur les marques, et en recourant davantage aux influenceurs[19]. Pour réduire véritablement l'influence de la publicité, les conditions de mise en œuvre des interdictions devront être renforcées. Pour les produits dont la publicité reste autorisée, cette dernière pourrait être conditionnée à l'affichage de leurs impacts environnementaux, à l'image là aussi du nutriscore ou de l'étiquette énergie pour l'électroménager.

Mesure II. Encourager la sobriété, l'efficacité et la décarbonation pour toutes les activités

Comme l'exprime l'anthropologue américain Marshall Sahlins : « Il y a deux voies possibles qui procurent l'abondance. On peut "aisément satisfaire" des besoins en produisant beaucoup, ou bien en désirant peu[20]. »

En réponse au « toujours plus » prôné par le consumérisme, le concept de « sobriété heureuse » semble s'imposer depuis quelques années. Elle est définie par l'ADEME comme la réduction de la production et de la consommation de biens et services, couplée avec une amélioration de la qualité de vie et du bien-être[21]. Cette philosophie pourrait s'appliquer à tous les pans de nos vies : moins de consommation matérielle, de richesse, d'espace, de technologies… En contrepartie, les modes de vie reposeraient sur plus de services, de relations sociales, de temps pour soi, pour les autres… Autrement dit, la sobriété consiste à la fois à réduire nos besoins matériels, et à valoriser davantage ceux qui sont immatériels.

19 ethique-sur-etiquette.org/IMG/pdf/rapport-big-corpo-complet_226pg_mai2020.pdf

20 Âge de pierre, âge d'abondance : l'économie des sociétés primitives, Paris : Gallimard, 1976.

21 librairie.ademe.fr/ged/491/synthese-etat-lieux-notion-sobriete-2019.pdf?modal=false

Le concept connaît un succès croissant au sein des sociétés occidentales. Le GIEC lui-même, dans son sixième rapport publié en 2022, lui a consacré un chapitre, où elle est définie comme : « un ensemble de mesures et de pratiques quotidiennes qui permettent d'éviter la demande d'énergie, de matériaux, de terres et d'eau tout en assurant le bien-être de tous les êtres humains dans les limites de la planète.[22] » Quelques mois plus tard, la sobriété s'est imposée de manière beaucoup plus brutale dans la société suite au déclenchement de la guerre en Ukraine.

Aujourd'hui, cette frugalité choisie semble séduire une majorité de Français : 70 % d'entre eux estiment qu'il est possible d'avoir une « bonne vie » en consommant peu et ils sont nombreux à souhaiter «vivre demain dans une société où la consommation prend moins de place». Près de 6 sur 10 pensent qu'il faut revoir complètement notre modèle économique, et sortir du mythe de la croissance infinie[23].

Néanmoins, le concept de sobriété présente deux limites majeures.

1. Elle est souvent appréhendée du point de vue des individus, et laisse donc penser que le changement viendra avant tout d'une évolution des comportements individuels. Ce serait aux individus de revoir d'eux-mêmes leurs besoins à la baisse, de s'auto-restreindre et de se débrouiller pour incarner cette sobriété dans leur quotidien. Or, comme nous l'avons vu, les marges de manœuvre des individus sont toujours limitées par le contexte et les infrastructures dont ils dépendent. Il peut en résulter des situations de sobriété contrainte, ou un décalage entre les perceptions, les aspirations et les réalités.

Ainsi, près de 8 Français sur 10 estiment avoir déjà un mode de vie sobre, c'est-à-dire qu'ils essaient de ne pas acheter de produits dont ils n'ont pas besoin, et d'acheter moins de produits mais

22 www.ipcc.ch/languages-2/francais
23 Greenflex/ADEME, *op. cit.*

de bonne qualité et respectueux de l'environnement[24]. Ce chiffre masque deux réalités moins optimistes. D'une part, une majorité d'individus qui se considèrent comme sobres sont en réalité dans une situation de précarité subie. Il peut donc s'agir d'une source de frustration pour eux. D'autre part, une partie des individus revendiquant une sobriété volontaire n'ont pas conscience de l'impact environnemental de leurs pratiques. Parmi les individus qui s'estiment « tout à fait sobres », 20 % ont pris l'avion au moins une fois au cours de l'année précédant l'enquête de l'ADEME et/ou possèdent au moins 10 appareils numériques et/ou mangent de la viande tous les jours. Or, il s'agit là de pratiques qui alourdissent fortement l'empreinte environnementale individuelle. Rappelons d'ailleurs que l'empreinte carbone moyenne des Français est restée relativement stable depuis 10 ans, et donc que la sobriété déclarée n'est pas confirmée par les chiffres[25].

2. De manière concomitante, cette sobriété individuelle ne suffira pas pour réussir la transition écologique. Selon l'étude Transitions 2050 de l'ADEME, la sobriété des ménages ne contribue qu'à un tiers de la réduction de la consommation d'énergie du pays et à 20 % de celle des émissions de GES par rapport à 2015 . Autrement dit, repenser nos besoins matériels à la baisse ne suffira pas pour réduire massivement l'impact écologique de notre société ni pour améliorer sa résilience face aux dégradations climatiques et environnementales. Pour cela, il sera aussi indispensable de repenser nos modes de production, nos infrastructures et nos équipements, via deux leviers complémentaires que sont la décarbonation et l'efficacité. La décarbonation consiste à remplacer les énergies fossiles par des énergies bas carbone (solaire, éolien, nucléaire...) en termes de production et d'équipement. L'efficacité consiste à réduire la consommation

24 Baromètre de la sobriété ADEME, op. cit.

25 www.statistiques.developpement-durable.gouv.fr/lempreinte-carbone-de-la-france-de-1995-2022

d'énergie (ou, par extension, de matières premières) nécessaire à la satisfaction d'un besoin, sans modification des usages. Par exemple, les réfrigérateurs commercialisés en 2025 consomment moins d'énergie que ceux vendus il y a 10 ans pour répondre au même besoin : conserver les aliments au frais. Le cumul de ces trois leviers peut s'incarner dans l'exemple, déjà évoqué, du véhicule électrique : il permet à la fois de supprimer la consommation de carburants fossiles (décarbonation), de recourir à un moteur plus efficace sur le plan énergétique (efficacité), mais cette transition ne sera véritablement réussie sur le plan environnemental que si elle s'accompagne d'une réduction globale du nombre de voitures en circulation (sobriété permise par le recours à d'autres modes de transport, le partage des véhicules, l'augmentation du nombre de passagers…).

Mesure III. Donner la priorité à l'occasion plutôt qu'au neuf

L'une des contreparties de la logique consumériste est la réduction progressive de la durée de vie des produits. Cette réduction peut relever d'une démarche volontaire de la part des entreprises, la fameuse obsolescence programmée. Mais elle peut aussi être plus diffuse : à mesure que les normes sociales ont évolué en faveur des achats neufs, le fait de recourir à des produits d'occasion a, à l'inverse, été dévalorisé. Le marketing, la publicité, la réduction des prix des produits neufs, la recherche de distinction sociale sont autant de facteurs qui nous ont conduits à nous détourner des produits ayant déjà connu une première vie, avec l'idée qu'ils n'étaient pas assez bien pour nous, de moins bonne qualité, pas assez à la mode… Pourtant, depuis une dizaine d'années, le vent semble tourner à nouveau en faveur de la seconde main. Deux tendances majeures se conjuguent en effet. D'une part, de plus en plus de Français valorisent l'achat d'occasion, synonyme de bonne affaire et de moindre impact environnemental. Selon la FEVAD (Fédération e-commerce et vente à distance) et l'institut

Enov, en 2022, trois Français sur quatre ont acheté au moins un produit d'occasion (+ neuf points en un an). Parmi eux, 40 % des acheteurs effectuent au moins un achat par mois. De fait, l'achat d'occasion semble (re)devenir une vraie alternative au neuf, en tout cas dans les discours : près de 6 personnes sur 10 affirment vérifier systématiquement si le produit neuf qui les intéresse est disponible d'occasion à un prix moins élevé. Et 4 acheteurs d'occasion sur 10 (et même les deux tiers des moins de 35 ans) envisagent de n'acheter que des produits de seconde main à l'avenir[26].

Un marché fortement favorisé par le succès de sites Internet permettant à la fois d'augmenter le nombre d'acheteurs et de vendeurs, et d'offrir un certain nombre de garanties aux personnes méfiantes. Ainsi, les deux tiers des achats d'occasion en France sont effectués en ligne, dont 80 % sur Leboncoin et Vinted, selon l'observatoire Novascope.

Ironiquement, la dégradation de la qualité et de la solidité des produits neufs conduit en effet à revaloriser leurs équivalents d'occasion, considérés comme de meilleure qualité ou, a minima, moins chers. Et les acheteurs savent qu'en cas de problème, ils peuvent bénéficier des services de la plateforme pour se faire rembourser. Selon une enquête de l'institut Enov, 7 consommateurs sur 10 affirment qu'ils préfèrent acheter un produit d'occasion de qualité plutôt qu'un produit similaire neuf mais « premier prix ». Les représentations évoluent donc rapidement, et toutes les classes sociales semblent concernées, ainsi que les différentes générations, même si les jeunes sont largement majoritaires. En conséquence, en France, le marché de la seconde main représenterait aujourd'hui plus de sept milliards d'euros et aurait été multiplié par trois en quatre ans.

26 presse.credit-agricole.com/actualites/seconde-main-61-des-francais-ont-achete-au-moins-un-bien-doccasion-ou-reconditionne-en-2023-937b-9ed05.html

Néanmoins, les achats d'occasion ne se traduisent pas systématiquement par un moindre impact environnemental. En effet, les produits d'occasion étant souvent beaucoup moins chers que les neufs, les consommateurs sont souvent incités à en acheter davantage, notamment pour les vêtements[27]. La dégradation de la qualité des vêtements neufs issus de la fast fashion peut cependant démotiver leur revente et leur achat d'occasion.

Par ailleurs, le recours à l'occasion est encore concentré sur quelques objets, principalement les vêtements et les objets culturels, caractérisés à la fois par des prix d'achat modérés, par des besoins ou envies de renouvellement qui peuvent être élevés, et par une facilité à leur donner une deuxième vie entre particuliers. Par exemple, il est plus facile d'acheter un livre ou un tee-shirt d'occasion qu'un réfrigérateur ou un ordinateur. En France, au moins un tiers du chiffre d'affaires du marché de l'occasion est constitué par l'habillement, dont les ventes continuent à croître alors que les ventes de vêtements neufs diminuent depuis 10 ans. Et les ventes de livres représenteraient un quart du chiffre d'affaires du secteur de l'édition[28].

À l'avenir, les pouvoirs publics pourraient encourager encore davantage le recours à l'occasion en substitution de l'achat neuf et dans le cadre d'une sensibilisation plus globale à la surconsommation. C'est l'objectif de la campagne sur le « dévendeur » proposée par l'ADEME en 2023[29]. Les critiques suscitées par cette campagne rappellent aussi l'importance d'embarquer les acteurs du commerce dans les mutations des modes de consommation et de production. En effet, la réduction des ventes de produits neufs n'est pas synonyme de réduction du chiffre d'affaires

27 www.credoc.fr/publications/objets-doccasion-surconsommation-ou-sobriete

28 www.la-sofia.org/etude-sur-le-livre-doccasion-les-resultats/

29 communication-responsable.ademe.fr/campagne-de-lademe-posons-nous-les-bonnes-questions-avant-dacheter

des commerces, qui devront eux aussi réinventer leur modèle économique, pour proposer davantage de produits d'occasion et de services (réparation, cours...) afin de fidéliser leurs clients. Rappelons en effet, d'une part que l'ère des productions à bas coût pourrait bientôt toucher à sa fin, d'autre part que les volumes de biens déjà produits et vendus dans le monde constituent autant de stocks permettant de répondre au moins partiellement aux besoins des individus.

Mesure IV. Instaurer des quotas individuels

L'idée d'instaurer des quotas individuels de consommation est relativement ancienne, puisqu'elle émerge dès la Première Guerre mondiale : ainsi pour faire face aux pénuries de charbon, celui-ci était distribué en fonction du nombre de personnes présentes dans chaque foyer, et en tenant compte de leurs besoins spécifiques (présence d'enfants, de personnes malades...)[30].

Puis, pendant la Seconde Guerre mondiale, ont été mis en place les fameux tickets de rationnement pour l'alimentation et l'énergie. Il s'agissait alors de gérer une période, que l'on espérait temporaire, de pénurie, grâce à une mesure de répartition équitable des ressources entre tous les individus. Puis en 1973, en réponse au choc pétrolier, les Pays-Bas ont instauré les dimanches sans voiture, afin de réduire la consommation de pétrole du pays[31].

Le principe des quotas appliqué aux enjeux environnementaux est le suivant: puisque les ressources naturelles sont disponibles en quantités limitées et que les externalités associées à leur consommation doivent elles-mêmes être réduites, la solution la plus rationnelle consisterait à partager équitablement l'accès à ces ressources entre tous les individus.

30 Comment bifurquer, op. cit.

31 Voir par exemple les analyses de Mathilde Szuba: reporterre.net/La-sobriete-et-le-rationnement-sont-de-puissants-outils-de-justice-sociale

Cette idée a ensuite été théorisée par Pierre Calame dans les années 1990, puis développée dans son ouvrage *Essai sur l'œconomie* (2009).

Ainsi, la plupart des pays de la planète se sont engagés à atteindre la neutralité carbone, le plus souvent à l'horizon 2050. Cela signifie qu'ils devront progressivement réduire leurs émissions de GES et, si nécessaire, compenser celles qu'ils ne pourront supprimer (notamment en stockant du carbone dans les forêts). Chaque pays peut ainsi déterminer une trajectoire de réduction de ses émissions de GES. Cette trajectoire suppose que tous les acteurs du territoire émettent progressivement moins de CO_2, l'ampleur de leurs efforts dépendant notamment de leur niveau actuel d'émissions. Assez logiquement, il est donc possible d'établir chaque année un « stock » d'émissions dont dispose le pays, puis de le répartir entre les acteurs publics, les entreprises et les individus. C'est le principe des quotas, qui est déjà appliqué, à l'échelle européenne, dans le cadre du marché du carbone.

Différents organismes, comme l'Alliance pour le compte carbone[32], ont proposé d'allouer à chaque citoyen un compte carbone, qui serait chargé chaque année d'un montant d'émissions de CO_2, qui serait ensuite débité à chaque plein d'essence, achat de steaks hachés ou trajet en avion. Ce budget carbone individuel serait diminué chaque année : de 9 tonnes aujourd'hui, jusqu'à deux tonnes en 2050, soit le niveau compatible avec la neutralité carbone. Cette réduction progressive permettrait de laisser le temps aux individus et aux entreprises de repenser leurs pratiques.

Contrairement à ce que certains discours sur les quotas laissent penser, il s'agit d'un dispositif particulièrement juste, puisque chaque individu est libre d'utiliser ses quotas comme il le souhaite. Chacun doit donc choisir à quelles pratiques et quels biens il renonce pour respecter son budget carbone, tout comme

---

32 comptecarbone.cc/mouvement/

la plupart des individus arbitrent déjà en fonction de leur budget financier. Comme évoqué précédemment, ce sont aujourd'hui les personnes les plus aisées qui ont l'impact carbone le plus lourd, il leur revient donc d'effectuer les efforts les plus importants.

Néanmoins, la mise en œuvre du principe des quotas carbone pose de nombreuses questions pratiques et éthiques, et supposerait **un certain nombre de prérequis** :

- **Calculer précisément l'impact carbone de chaque pratique** et afficher pour chaque produit son coût carbone, qui deviendra donc un critère d'achat au même titre que le prix[33].
- **Pouvoir répartir** sur plusieurs années le **coût carbone de certains achats**, comme un véhicule électrique, une pompe à chaleur, voire un vol transatlantique. Des formes de « crédit carbone » devraient donc être possibles sous condition.
- **Prévoir des ajustements des niveaux de quotas** pour les individus les plus modestes et qui ont des « besoins » en carbone élevés. En effet, comme nous l'avons vu précédemment, les consommations individuelles peuvent varier en fonction de différents paramètres. Par exemple, une personne qui habite dans une maison mal isolée à la campagne aura besoin de davantage d'énergie pour se chauffer et pour se déplacer qu'un Parisien habitant dans un petit appartement à proximité des transports en commun.
- **Instaurer un dispositif de revente des quotas carbone inutilisés**, et de rachat par ceux qui le souhaitent. Néanmoins, ce marché devra être très encadré : les quotas devront être revendus à un prix fixe et relativement faible, la quantité achetée par un individu limitée, et ils ne pourront pas être échangés contre des euros.

33 Voir par exemple : www.lemonde.fr/idees/article/2023/10/27/transition-ecologique-pour-un-bretton-woods-de-la-monnaie-carbone_6196818_3232.html

- **Accompagner les individus** dans l'utilisation du compte carbone et l'évolution de leurs pratiques.
- **Accompagner les comptes carbones individuels** à la fois de comptes carbone pour les entreprises (tout en évitant les doubles comptabilités) et d'investissements massifs dans la transition des infrastructures. Car les individus seront incités à acheter des produits et des services moins gourmands en carbone, ce qui suppose que l'offre des entreprises et les infrastructures évoluent en ce sens. Pour rester compétitives, les entreprises devront en effet réduire l'impact carbone de leurs produits. Surtout, pour être acceptés et efficaces, les quotas carbone devront s'inscrire dans une transformation plus globale et cohérente des modes de consommation et de production de la société.
- **Étendre le dispositif aux autres pays européens**, pour le rendre plus acceptable, mais aussi pour éviter les distorsions de concurrence pour les entreprises françaises.

Compte tenu de ces nombreux prérequis, l'instauration de quotas pourrait, dans un premier temps, porter uniquement sur les achats d'énergie fossile directe (pour le logement, les carburants, les vols en avion...)[34].

Il serait en effet plus simple de calculer précisément les consommations individuelles et les émissions de gaz à effet de serre qui en résultent. Ces quotas inciteraient les Français soit à réduire leurs pratiques, soit à se reporter vers des alternatives reposant sur les énergies renouvelables.

La quantité d'énergie nécessaire à chaque individu pourrait ainsi être estimée. C'est l'objectif de la société 2000 watts, un concept né en Suisse dans les années 1990. Ses fondateurs ont

34 vert.eco/articles/faut-il-instaurer-un-quota-carbone-par-personne

calculé que la consommation d'énergie individuelle devait être limitée à 2000 watts par an afin d'être compatible avec les limites planétaires. Cette cible a été intégrée dans les documents stratégiques de la ville de Zurich en 2008[35].

Mieux encadrer le système économique pour donner la priorité aux besoins des individus et des écosystèmes

À ce stade de la réflexion, une évidence s'impose : celle de l'incompatibilité du système économique actuel avec les ambitions de la société des besoins. Alors, comment faire évoluer les règles des marchés économiques pour s'assurer que leurs activités soient compatibles avec le respect des besoins des individus et de ceux des écosystèmes ? Et comment garantir un niveau minimal de satisfaction des besoins avec un système économique qui conditionne cette satisfaction aux revenus ? Trois mesures phares semblent indispensables, qui supposent l'activation de trois leviers de politiques publiques : l'orientation, la taxation et l'interdiction.

Mesure V. Taxer voire interdire les produits et services à fort impact environnemental

Un premier levier envisageable pour encadrer les pratiques à plus fort impact social et environnemental est la taxation. Plusieurs exemples montrent que des marges de manœuvre importantes existent dans ce domaine. Une taxe sur les boissons sucrées existe en France depuis 2012, comme dans une centaine de pays. L'objectif est de décourager la consommation de ces boissons pour des raisons sanitaires. Des taxations pourraient donc aussi être envisagées pour d'autres produits et services jugés non essentiels, et donc la consommation entraîne davantage d'externalités sociales et environnementales négatives que positives.

35 www.local-energy.swiss/fr/programme/netto-null-2000-watt/was-ist-die-2000-watt-gesellschaft.html#/

Début 2024, l'Assemblée nationale française a adopté une proposition de loi prévoyant un « malus écologique » pour les vêtements issus de l'ultra fast fashion[36]. Le texte prévoyait que les textiles à l'impact environnemental particulièrement élevé soient soumis à une taxe de cinq euros à partir de 2025, qui pourrait aller jusqu'à 10 euros en 2030. Les montants collectés seraient reversés à des entreprises du secteur souhaitant adopter des pratiques plus vertueuses. L'objectif était de décourager les achats de vêtements à très bas prix, issus de l'ultra fast-fashion, symboles à la fois d'impacts environnementaux très lourds et d'exploitation des travailleurs, principalement dans les pays asiatiques. Néanmoins, un an plus tard, l'ambition de la proposition a été fortement revue à la baisse par le Sénat avant son examen[37].

Autre exemple : en 2019, l'Assemblée nationale a adopté une éco-contribution sur les billets d'avion, mais dont le montant s'élevait au maximum à 7 euros pour les vols transatlantiques en classe économique (et 60 euros en classe affaires). La loi de finances 2025 a acté une augmentation de cette taxe, qui atteint désormais 60 euros pour les billets en classe économique et 200 pour ceux en classe affaires[38].

Différents travaux montrent aussi l'efficacité d'une taxation de la viande rouge, afin de réduire son impact sanitaire et environnemental[39].

Le Conseil national de la productivité lui-même propose, dans son rapport 2023, la mise en place d'une taxe carbone sur les produits. Cette initiative (accompagnée d'une hausse des

36 www.assemblee-nationale.fr/dyn/16/textes/l16b2268_proposition-loi#

37 www.latribune.fr/entreprises-finance/industrie/agroalimentaire-biens-de-consommation-luxe/loi-contre-la-fast-fashion-les-senateurs-ont-reduit-son-ambition-a-un-quasi-neant-1022450.html

38 www.service-public.fr/particuliers/actualites/A18080

39 Voir par exemple : ijbnpa.biomedcentral.com/articles/10.1186/s12966-024-01584-9

revenus des ménages) est considérée comme celle ayant « le meilleur potentiel pour une transition écologique juste, rapide et efficace sans dégrader le pouvoir d'achat, l'emploi, la compétitivité, l'attractivité, la croissance potentielle et les finances publiques »[40].

Les taxations suscitent néanmoins souvent des rejets en France, où elles sont considérées comme injustes pour les plus précaires. Rappelons que le projet d'augmentation de la taxe carbone sur les carburants a constitué l'un des facteurs déclencheurs de la crise des gilets jaunes en 2018 (dans un contexte d'augmentation des prix des carburants). Néanmoins, de nombreuses analyses ont rappelé que des compensations étaient possibles pour ce type de taxation, afin qu'elles ne pénalisent pas les ménages précaires ni les classes moyennes.

Concernant la taxe sur l'ultra *fast-fashion*, certains journalistes se sont inquiétés du fait que les vêtements deviennent inaccessibles pour les classes populaires[41]. Hypothèse doublement étonnante car elle sous-entend soit que ces dernières ne s'habillaient pas avant la naissance de la *fast-fashion*, soit qu'elles n'ont aucune alternative pour le faire. Ce type de discours est révélateur de la puissance du consumérisme, qui entretient l'illusion que nos besoins ne peuvent être satisfaits de manière durable, mais qu'ils sont sans cesse renouvelés, ce qui justifie de privilégier des produits de mauvaise qualité mais peu chers, qui puissent facilement être remplacés. Or, de nombreuses alternatives peu chères pour s'habiller existent et existaient bien avant l'apparition des acteurs du secteur. Ces deux facteurs pourraient globalement conduire l'industrie de l'habillement à se repenser pour proposer des articles certes plus coûteux, mais aussi plus durables et intemporels. La *fast fashion* vit donc peut-être ses dernières années d'hégémonie.

40 www.strategie.gouv.fr/publications/quatrieme-rapport-conseil-national-de-productivite-cnp

41 www.lepoint.fr/societe/la-taxe-sur-la-fast-fashion-une-mesure-anti-pauvres-05-03-2024-2554285_23.php#11

Outre les critiques qu'elle suscite, la taxation peut parfois se révéler insuffisante, et dans ce cas l'interdiction de la commercialisation de certains biens et services peut être plus efficace. De telles interdictions existent déjà, l'exemple le plus célèbre étant celui de l'automobile. La commercialisation des véhicules thermiques a progressivement été restreinte aux véhicules les moins polluants, et sera normalement interdite à partir de 2035 dans tous les pays européens. Dans un autre domaine, les polluants éternels, présents dans certains produits de consommation courante (vêtements, cosmétiques...), seront progressivement interdits en France à partir de 2026 (sous réserve, comme toujours, de mise en œuvre de la loi votée en février 2025)[42].

Ce principe pourrait donc être étendu à d'autres produits, sous certaines conditions.

L'association Negawatt propose ainsi, pour les produits faisant l'objet de commandes publiques, de fixer un montant maximal d'émissions de GES ou une note minimale d'impact environnemental. L'association suggère aussi, pour les produits les plus polluants, de limiter le nombre de commercialisations annuelles au niveau européen, notamment de limiter le nombre annuel de collections de vêtements. Cette idée pourrait être mise en pratique pour les produits qui génèrent aujourd'hui le plus d'impacts environnementaux. Pour que leur commercialisation soit autorisée, les industriels devraient démontrer :

- d'une part qu'ils répondent à des besoins réels et insuffisamment satisfaits par l'offre existante ;
- d'autre part que l'impact environnemental lié à leur fabrication et à leur usage est inférieur à un seuil fixé par les pouvoirs publics[43].

Dans le cas contraire, la commercialisation du produit pourrait

42 www.economie.gouv.fr/entreprises/tout-savoir-sur-linterdiction-progressive-des-pfas

43 www.negawatt.org/IMG/pdf/scenario-negawatt-2022-rapport-complet-partie3.pdf

soit être interdite, soit fortement taxée, soit limitée à un nombre réduit d'exemplaires.

Par ailleurs, les industriels pourraient être contraints de proposer systématiquement une gamme de produits et services accessibles financièrement pour les plus précaires, et qui répondent néanmoins à certaines exigences de qualité et de durabilité.

Ce type de mesure permettrait de lutter directement contre la logique de l'obsolescence programmée et du renouvellement fréquent des marchandises. Les entreprises devraient prouver l'utilité de leurs produits, et donc privilégier ceux écoconçus et durables. Les consommateurs sortiraient également du cercle vicieux de la distinction sociale par le renouvellement de leurs biens, et privilégieraient au contraire les achats moins fréquents mais de produits de qualité.

Mesure VI. Répondre aux besoins avec des services plutôt qu'avec des biens

Comme nous l'avons vu, à l'avenir, les besoins individuels seront davantage immatériels. Pour y répondre, il sera donc nécessaire d'accentuer encore la transition de l'économie française vers les services. En outre, faire reposer la création de richesse sur les services plutôt que sur des biens peut théoriquement permettre d'en réduire l'impact environnemental. Il existe un modèle alternatif, l'économie de la fonctionnalité et de la coopération (EFC), qui pourrait permettre de répondre à ce double objectif.

L'EFC repose en effet sur **plusieurs principes** en rupture par rapport au modèle dominant, mais particulièrement inspirants.

1. La satisfaction du besoin est au cœur de ce modèle économique, et pas la vente de produits neufs. Il s'agit en effet pour l'entreprise de vendre une réponse à un besoin, qui passe par la mise à disposition d'un produit, mais dont elle reste propriétaire, et qui s'accompagne d'un certain nombre de services. Pour cela, des forfaits sont proposés au client, dont le montant varie selon l'ampleur du besoin et, bien sûr, selon la taille de son porte-monnaie. Par exemple, pour un besoin de communication, une entreprise pourra proposer une palette de forfaits incluant la mise à disposition d'un téléphone, un forfait téléphonique et Internet, un service d'entretien, réparation et remplacement (en cas de casse, perte ou vol), mais aussi la mise à disposition d'un ordinateur, d'une télévision, etc.

2. Avec l'EFC, l'entreprise reste propriétaire des produits qu'elle met à disposition de ces clients. Elle ne gagnera donc pas d'argent en vendant le plus de produits possibles, mais au contraire en optimisant la durée de vie des produits qu'elle a fabriqués. Ceci suppose de concevoir des produits plus résistants, faciles à réparer voire à faire évoluer, et qui pourront être loués plusieurs fois à des clients différents.

3. Enfin, l'EFC permet de repenser à la fois l'offre commerciale des entreprises et la logique de croissance. D'un côté, il ne s'agira plus de vendre des voitures ou des tee-shirts, mais de répondre à des besoins de mobilité et d'habillement, ce qui pourrait conduire à repenser totalement les distinctions actuelles en termes de secteurs et d'acteurs. De l'autre, cette approche par les besoins pourrait remettre en cause fondamentalement la logique du toujours plus : toujours plus de biens, de ressources, mais aussi de chiffre d'affaires et de croissance. Les gains financiers proviendront plus fondamentalement de la capacité de l'entreprise à répondre aux besoins de ses clients de la façon la plus optimale possible, donc en utilisant le moins de ressources (naturelles et humaines) possible.

Le principe de l'EFC a inspiré quelques entreprises pionnières, qui ont mis en place des offres commerciales innovantes, le plus souvent à destination des entreprises. C'est le cas par exemple de Michelin, qui propose à ses entreprises clientes des kilomètres parcourus plutôt que des pneus, ces derniers étant régulièrement rechapés et recreusés par le groupe afin d'augmenter leur durée de vie[44]. Lancée il y a 50 ans, cette offre concerne aujourd'hui 400 000 véhicules professionnels. De même, l'entreprise Signify facture à ses clients la lumière qu'elle leur fournit (et pas des ampoules), alors que BASF fait payer aux agriculteurs des « hectares de culture en pleine santé »[45].

Plus récemment, des offres destinées aux particuliers ont été commercialisées dans l'esprit de l'EFC. Ainsi, en Belgique, Decathlon a expérimenté le forfait We play circular, permettant à certains clients de choisir tous les produits de leur choix, et de les rendre ou de les échanger lorsqu'ils n'en avaient plus besoin[46]. Néanmoins, le dispositif a été abandonné au bout d'un an, probablement par manque de rentabilité[47]. Mais Decathlon propose d'autres offres innovantes de location incluant l'entretien et l'échange, notamment pour les vélos enfants[48]. D'autres entreprises ont également inclus des offres de location de leurs produits s'approchant de l'EFC, car la durée de location peut être relativement longue et inclut des services de réparation, comme chez Darty et à la FNAC.

Néanmoins, le potentiel de l'économie de la fonctionnalité et de la coopération reste encore largement à exploiter, car elle offrirait une alternative beaucoup plus durable au modèle actuel, sur le plan tant environnemental qu'économique.

Dans tous les cas, l'EFC se traduirait par des créations d'emplois moins délocalisables que le modèle linéaire. Aujourd'hui moins de 40 % des produits manufacturiers consommés en France y sont fabriqués, soit deux fois moins qu'en 1965. Fabriquer des

44 www.movinonconnect.com/nos-actualites/economie-fonctionnalite-tire-service-reinventer/

45 www.manutan.com/blog/fr/economie-circulaire/economie-de-fonctionnalite-comment-bien-la-comprendre

46 cocreation.decathlon.fr/projects/1221

47 www.we-play-circular.com/index.html

48 www.actsandfacts.org/actualites/decathlon-accelere-sur-leconomie-circulaire

produits plus durables, et proposer des services d'entretien et de réparation faciliterait la relocalisation des activités et des emplois[49].

Mesure VII. Rendre l'économie véritablement circulaire

Améliorer l'efficacité de notre système économique tout en réduisant son impact environnemental peut aussi supposer de le rendre plus circulaire. Selon l'ADEME, l'économie circulaire consiste à « optimiser l'utilisation des ressources et à réduire les déchets en favorisant des pratiques telles que le réemploi, la réparation, le recyclage. Ce modèle économique durable repense nos modes de production et de consommation pour un développement compatible avec les enjeux du développement durable : environnementaux, économiques et sociaux. »

En une dizaine d'années, l'économie circulaire a envahi les rapports, les publicités et les imaginaires. Pourtant, elle demeure largement théorique. Au niveau mondial, la part des matières premières recyclées ou réutilisées dans l'économie reste ultra-minoritaire, et tend même à diminuer, puisqu'elle ne représentait plus que 7 % en 2023, soit deux points de moins qu'en 2018[50]. Selon l'Agence européenne de l'environnement, le taux de circularité de l'Europe en 2022 atteint 11,5 % et demeure stable depuis une douzaine d'années[51]. En France, un objectif de 100 % de plastique recyclé en 2025 avait été fixé, qui n'a pas du tout été atteint. Selon une étude de l'Ademe, seuls 36 % des Français réparent ou font réparer leurs produits quand ils tombent en panne. Le gouvernement a pour objectif de faire passer ce taux

49 www.insee.fr/fr/statistiques/7702892

50 reports.circularity-gap.world/cgr-global-2024-37b5f198/CGR+Global+2024+-+Report.pdf

51 www.eea.europa.eu/en/circularity/thematic-metrics/materialsandwaste/circular-material-use-rate

à 60 % d'ici… 2025[52]. L'économie circulaire est-elle condamnée à rester un modèle théorique, ou existe-t-il quand même des marges de manœuvre ?

Dans son ouvrage *Croissance soutenable ?*, François Grosse, spécialiste du recyclage, identifie **trois critères** permettant d'entrer véritablement dans une économie circulaire, et ainsi repousser au maximum l'épuisement des ressources non renouvelables.

1. Maintenir un taux de croissance de la consommation de ces ressources inférieur à 1 %.

En effet, tant que la demande pour un matériau croît, le recyclage ne permettra de satisfaire qu'une petite partie de cette demande. Ainsi, le fer est l'un des matériaux les plus recyclés au monde, avec un taux de recyclage moyen estimé à 72 %. Néanmoins, la demande mondiale croît en moyenne de 3,5 % par an, et le temps de séjour dans l'économie de ce métal est d'en moyenne 32 ans. En conséquence, l'ensemble du fer recyclé par l'humanité ne lui a fait « gagner » que huit ans par rapport à l'épuisement de la ressource. Comme l'explique François Grosse : « la consommation totale de minerai de l'humanité, cumulée au cours du temps, aura été en 2008 celle qu'on aurait connue en 2000 sans effectuer nulle part dans le monde aucun recyclage au cours du XXe siècle. » Compte tenu de ce rythme actuel de croissance, même si le taux de recyclage mondial du fer atteignait 90 %, il ne ferait économiser à l'économie mondiale que l'équivalent de deux ans de consommation de cette ressource. En France, le taux d'incorporation de fer recyclé est d'ailleurs en baisse[53]. D'où la nécessité de réduire structurellement la croissance de la demande en amont. Ce qui est donc bien engagé au niveau français, mais beaucoup plus complexe au niveau mondial.

2. Accroître le taux d'efficacité du recyclage (c'est-à-dire la

52 www.statistiques.developpement-durable.gouv.fr/indicateurs-cles-pour-le-suivi-de-leconomie-circulaire?rubrique=&dossier=1028251

53 librairie.ademe.fr/ged/8632/bilan-national-recylcage-rapport-complet-2024.pdf

proportion du matériau contenu dans les déchets qui est effectivement recyclée) pour qu'il atteigne 70 % voire 80 % selon les matières.

3. Réduire la proportion de chaque matériau stocké dans l'économie. À terme, l'économie devrait mettre au rebut au moins 80 % des quantités de matériaux qu'elle consomme, afin qu'elles puissent nourrir, en retour, la fabrication de nouveaux biens. Par exemple, tout objet neuf contenant de l'acier devrait comporter au moins 80 % d'acier recyclé.

Autrement dit, si nous voulons accroître la part de matériaux recyclés, nous devons nécessairement mobiliser davantage de matériaux déjà utilisés, donc de déchets. Pour reprendre l'exemple du fer, François Grosse nous explique que, chaque année, la quantité « stockée » dans l'économie augmente de 67 %, puisque seul l'équivalent d'un tiers du fer « nouveau » qui y est ajouté est compensé, en parallèle, par de la mise au rebut de fer qui n'est plus utilisé. En conséquence, explique-t-il, « même en recyclant la totalité des déchets disponibles, nous n'aurions pu satisfaire qu'un tiers de nos nouveaux besoins ». Ce raisonnement l'amène à conclure que nous vivons moins dans une société du jetable que dans une société de l'accumulation. Or, jusqu'à présent, les politiques publiques menées en Europe ont au contraire tendance à considérer les déchets comme un problème plutôt que comme une ressource. Ainsi, la priorité de la stratégie européenne est la réduction « à la source » de la production de déchets. Néanmoins, l'économie circulaire consiste également à faire durer les biens le plus longtemps possible, principalement via la réparation et l'occasion. Ce modèle génère donc une tension entre ce besoin d'optimisation des biens et celui de déchets pour « nourrir » la fabrication de produits neufs. Le développement de l'économie circulaire est également limité par une conjonction de freins en lien avec le recyclage : taux de collecte faible d'un certain nombre d'équipements, qualité insuffisante pour permettre un recyclage (notamment pour les vêtements de la fast fashion), difficultés de tri des composants, quantité de matériaux trop faibles (notamment pour les équipements électroniques), coûts élevés… En dépit de ses promesses, l'économie circulaire devra donc être fortement développée pour répondre aux enjeux environnementaux et économiques. Et le recours à des politiques publiques spécifiques semble indispensable. François Grosse recommande ainsi que les industriels soient contraints d'inclure environ 80 % de matières recyclées dans leurs produits (pour les matières non renouvelables).

Des pouvoirs publics garants du respect des ressources et des besoins fondamentaux

Les acteurs les plus importants pour réussir la transition de la société de consommation vers la société des besoins restent bien sûr les pouvoirs publics.

Leur rôle est indispensable à la fois dans ce cadrage démocratique des besoins fondamentaux et dans les conditions permettant aux individus de les satisfaire. Leur action sera structurée autour de trois principes. Les deux premiers sont au cœur des sept premières actions identifiées :

1. responsabiliser les acteurs (y compris eux-mêmes) concernant les impacts de leurs comportements ;

2. restreindre voire interdire, en parallèle, certaines pratiques dont les nuisances apparaissent supérieures aux bénéfices ;

3. garantir, notamment juridiquement et financièrement, l'accès aux ressources, biens et services relevant de besoins fondamentaux. Il s'agit aussi de garantir la préservation d'un environnement (au sens large, donc y compris social et économique) favorable à la satisfaction des besoins de tous, y compris des non-humains.

Cet objectif de garantie justifie les trois dernières actions présentées ici.

Mesure VIII. Accroître les financements publics pour la protection sociale et la transition écologique

La France consacre déjà un tiers de son PIB à la protection sociale, le niveau le plus élevé de toute l'Union européenne[54]. Les dépenses prises en charge par la collectivité (notamment pour la santé et l'éducation) représentent environ le quart des dépenses effectives des ménages[55]. Ce niveau de dépenses a deux impacts positifs pour les ménages : il leur permet de bénéficier de différentes prestations sociales et de limiter au maximum leurs dépenses dans des secteurs essentiels comme la santé et l'éducation. Ainsi, la protection sociale et la redistribution constituent des outils majeurs de réduction des inégalités en France et d'accès à des services essentiels. Selon l'INSEE, elles augmentent le niveau de vie de près de 60 % des Français[56].

Dans le domaine de la santé, le reste à charge des ménages français est aujourd'hui le plus faible de l'Union européenne, puisqu'il ne représente en moyenne que 1% de leur revenu disponible brut[57]. Les ménages ne contribuent qu'à hauteur de 7 % au financement des dépenses de soins et de médicaments[58]. Même constat pour l'éducation : en 2022, près de 7 % du PIB de la France a été consacré à l'éducation, en hausse régulière depuis 40 ans[59]. En parallèle, les ménages consacrent moins de 1% de leur budget à l'éducation, et il s'agit là aussi de l'un des taux les plus faibles des pays de l'OCDE (même s'il a doublé depuis 1960).

L'économiste Thomas Piketty suggère pourtant d'aller plus

54 drees.solidarites-sante.gouv.fr/publications-communique-de-presse-documents-de-reference/panoramas-de-la-drees/la-protection-0

55 solidarites.gouv.fr/budgets-de-reference-budgets-decents-un-rapport-du-cnle-eclaire-sur-les-besoins-necessaires-pour

56 www.insee.fr/fr/statistiques/7669723

57 www.insee.fr/fr/statistiques/4797636?sommaire=4928952

58 evaluation.securite-sociale.fr/home/maladie/242-taux-deffort-direct-des-mena.html

59 www.education.gouv.fr/le-budget-et-les-finances-du-systeme-educatif-89252

loin, et de « démarchandiser » les secteurs d'intérêt commun, donc d'y répondre en priorité grâce à des services publics plutôt que par des offres commerciales de biens et services[60]. Autrement dit, il s'agit de répondre à ces besoins en dehors du marché économique, principalement via les services publics, donc de manière collective et non plus via l'achat individuel de biens et services. Les secteurs concernés sont, selon lui, la santé, l'éducation, la culture, les transports et l'énergie. Les services publics ainsi mis en place ou étendus seraient financés grâce à des taxations supplémentaires des ménages les plus aisés, aussi bien sur leurs revenus que sur leur patrimoine et leurs héritages.

Cédric Durand et Razmig Keucheyan proposent quant à eux d'instaurer un « gouvernement par les besoins », dont le rôle serait de socialiser au maximum la satisfaction des besoins, donc de les sortir de la sphère marchande[61].

À l'horizon 2040, selon les calculs de France Stratégie, le vieillissement de la population entraînera une croissance « mécanique » (à système inchangé) des dépenses de protection sociale de l'ordre de cinq points de PIB[62]. Selon l'organisme, la hausse de la pression sur les comptes publics sera donc « forte mais soutenable », et comparable à celle enregistrée au cours des 20 dernières années. France Stratégie rappelle que plusieurs réformes ont déjà été adoptées (notamment concernant les retraites) afin d'anticiper cette pression. Les auteurs soulignent néanmoins qu'un besoin de financement de l'ordre d'un point de PIB (entre 0,6 et 1,4) restera à satisfaire, et que leurs calculs n'intègrent pas d'éventuels besoins nouveaux qui devraient être couverts par le système de protection sociale. Or, nous l'avons vu, le retour de certains besoins fondamentaux pourrait se traduire par une extension des prises en charge par le système de protection sociale.

60 *Une brève histoire de l'égalité* de Thomas Piketty, Seuil, 2021
61 Comment bifurquer, op. cit.
62 www.strategie.gouv.fr/espace-presse/protection-sociale-choc-vieillissement-soutenable

Décider si nous souhaitons consacrer encore plus d'argent à la couverture d'un certain nombre de besoins et de risques relèvera donc d'un choix de société. L'équation sera difficile, puisque le contexte sera marqué par une réduction de la croissance économique et une poursuite de l'augmentation de la dette, couplées avec la nécessité de financer à la fois les dépenses liées au vieillissement, la transition écologique et les impacts du changement climatique.

Selon le rapport Pisani-Ferry, qui fait référence dans le domaine, pour atteindre l'objectif de la neutralité carbone, la France devrait réaliser 66 milliards d'euros d'investissements supplémentaires, répartis de manière relativement équilibrée entre les acteurs publics et les acteurs privés[63]. Selon ce rapport, il existe un risque important que la transition écologique se révèle inégalitaire. En effet, elle supposera aussi des investissements coûteux pour les ménages : rénovation des logements, remplacement des véhicules thermiques par des véhicules électriques, priorité à des biens et équipements plus durables mais plus coûteux à l'achat... Or, certains de ces achats seront tout simplement impossibles pour les Français sans soutien public. Le rapport souligne donc que « le coût économique de la transition ne sera politiquement et socialement accepté que s'il est équitablement réparti ».

Or, toujours selon le rapport, assurer ces dépenses publiques dans un contexte de ralentissement durable de la croissance économique pourrait se traduire par une hausse de la dette publique représentant 25 points de PIB à l'horizon 2040.

Pourtant, des marges de manœuvre financières existent ou pourraient être déployées à l'avenir. Ainsi, l'épargne des ménages pourrait être orientée vers des investissements en faveur de la protection sociale et de la transition écologique. L'épargne déposée sur des produits d'épargne réglementés représente près

63 www.strategie.gouv.fr/publications/incidences-economiques-de-laction-climat

de 1000 milliards d'euros, soit un tiers du PIB[64]. Selon le rapport Pisani Ferry, 60 milliards d'euros d'investissements supplémentaires par an seraient nécessaires pour financer la transition écologique, soit deux points de PIB (rénovation énergétique des bâtiments, modernisation des systèmes de transport, transformation de l'industrie et de l'agriculture). Mais ces financements sont aujourd'hui difficiles à obtenir, car ils sont peu voire pas rentables pour les acteurs économiques, ou parce qu'ils n'ont tout simplement pas les moyens de les réaliser. L'état envisage donc différentes mesures possibles pour inciter les Français à placer leurs économies dans des fonds en faveur de la transition[65]. Les prêts à la consommation pourraient aussi être davantage encadrés, afin d'être accordés systématiquement, et à des taux avantageux, pour des achats d'équipements coûteux de la transition écologique (voiture électrique, pompe à chaleur...) et à l'inverse interdits pour des achats d'équipements dont l'indice de durabilité serait très faible. Le rapport Pisani Ferry suggère aussi d'augmenter les taxes sur le patrimoine financier des Français les plus aisés.

LE RÔLE FONDAMENTAL DE L'ESS POUR ÉVITER LA PRIVATISATION DES SERVICES PUBLICS

Les difficultés à financer les services publics justifient parfois leur privatisation. Néanmoins, cette priorité donnée au coût des services se fait le plus souvent au détriment de la qualité des services, comme l'illustre l'exemple des services à la personne. Au cours des dernières années, les scandales concernant certaines crèches privées et certains EHPAD ont violemment rappelé que les humains ne

64 www.fbf.fr/fr/lepargne-des-menages-faits-et-chiffres-cles/

65 www.actu-environnement.com/ae/news/financement-transition-ecologique-mobilisation-epargne-privee-pel-LDDS-42211.php4

pouvaient pas être gérés avec une logique de rentabilité économique.

Les tensions auxquelles sont confrontés les services publics dans la santé ou dans l'éducation ne peuvent donc pas être résolues mécaniquement via une marchandisation de ces services, qui se traduit surtout par des inégalités croissantes d'accès et de qualité de services.

Parmi les alternatives plus convaincantes à la prise en charge totale des services publics par l'État figure l'économie sociale et solidaire (ESS). Ce pan de l'économie regroupe toutes les activités et tous les acteurs dont l'objectif premier n'est pas la lucrativité, mais la recherche d'une utilité sociale. L'ESS regroupe une diversité d'acteurs (associations, coopératives, mutuelles, fondations...) et de secteurs. Le secteur de l'ESS représente, en France, plus de 200 000 établissements et environ 10 % de l'emploi total[66]. Les activités les plus représentées sont l'aide sociale, les sports et loisirs, mais aussi les arts et les activités financières et d'assurance.

Qu'elles relèvent formellement de l'ESS ou non, une part croissante d'activités qui relevaient des services publics sont déléguées ou prises en charge au moins partiellement par d'autres acteurs non marchands. Les exemples sont nombreux et relèvent d'une grande diversité de secteurs :

- Près de 5 000 tiers lieux sont recensés sur le territoire français, désignant des espaces ouverts au public, permettant d'échanger, de partager des compétences, de travailler...[67] Plus de 80 % de ces lieux ont été créés en partenariat avec les pouvoirs publics, et la moitié ont des actions en lien avec la transition écologique.
- Plus de 400 fabriques de territoires ont été labellisées par l'État. Elles désignent des tiers-lieux généralistes proposant des services de proximité

66 fse.gouv.fr/quelle-est-la-place-de-less-en-france-aujourdhui
67 francetierslieux.fr/

et des activités économiques au sein de territoires fragiles[68].

- L'association Resolis recense plus de 1 000 initiatives territoriales dans le domaine de l'alimentation durable portées par des acteurs de terrain[69].

Mesure IX. De nouveaux « droits à » pour répondre aux besoins des individus

L'objectif des services publics est de satisfaire certains besoins des individus, pour lesquels l'État estime qu'il est mieux placé que le marché. Ainsi, pour satisfaire le besoin d'éducation des élèves, les pouvoirs publics partent du nombre d'élèves à scolariser chaque année pour en déduire les moyens (humains et matériels) nécessaires pour cela. La même logique s'applique à la protection sociale : les besoins de financement (santé, pensions de retraite, allocations chômage, familiales, etc.) sont entièrement satisfaits par l'État.

Dans cette catégorie des services publics peuvent rentrer certains besoins pour lesquels l'État se pose donc en garant de leur satisfaction. Cette garantie passe par l'instauration de droits, qui peuvent être inscrits dans la loi, afin de garantir leur respect. Ainsi, en France, le droit au logement opposable (DALO) a été institué en 2007[70]. Il reconnaît le droit à un logement décent et indépendant pour les personnes qui ne peuvent pas en obtenir un par leurs propres moyens. Depuis 2017, l'État, les collectivités territoriales et les bailleurs sociaux sont dans l'obligation d'attribuer un logement aux ménages reconnus DALO. Depuis 2008, plus d'1,3 million de recours DALO ont été déposés. Au cours de cette période, environ un tiers des ménages concernés

68 www.vie-publique.fr/en-bref/296002-tiers-lieux-quel-soutien-de-letat-en-2024

69 resolis.org/thematiques?pole=alimentation

70 www.vie-publique.fr/eclairage/19543-droit-au-logement-opposable-quelle-application-du-dalo

ont été reconnus au titre du DALO, mais seuls les deux tiers ont effectivement bénéficié d'un logement[71]. Pour la seule année 2023, près de 110 000 recours ont été déposés, alors que seuls 20 000 ménages ont obtenu un logement[72]. Selon la Cour des comptes, le DALO reste peu effectif, notamment par manque de logements sociaux dans les régions les plus en tension.

En dépit de ses limites, le principe du droit opposable pourrait-il être étendu à d'autres droits qui seraient considérés comme fondamentaux ? Ainsi, pourrait-on envisager à l'avenir un droit à se nourrir de manière saine et durable ou un droit à se déplacer au quotidien ?

Ainsi, la loi d'Orientation des mobilités, entrée en vigueur en 2020, comprend plusieurs objectifs visant tous à mieux répondre aux besoins de mobilité des Français : améliorer l'accès aux voitures partagées, développer les autres modes de transport (vélo, transports en commun...), accélérer le déploiement des véhicules électriques et des bornes de recharge, accroître les investissements dans les infrastructures de transport[73]. Par ailleurs, les propriétaires et locataires de copropriétés bénéficient d'un « droit à la prise », c'est-à-dire qu'ils peuvent exiger l'installation d'une prise de recharge pour leur véhicule électrique (à leurs frais s'il s'agit d'une prise individuelle)[74].

Dans le domaine de l'alimentation, un collectif plaide pour l'instauration d'une Sécurité sociale de l'alimentation[75]. Ses membres proposent que chaque Français bénéficie d'un crédit de 150 euros par mois sur sa carte vitale, afin d'acheter certains

---

71 www.vie-publique.fr/rapport/285136-15-ans-apres-la-loi-dalo-bilan-du-droit-au-logement-opposable

72 www.hclpd.gouv.fr/IMG/pdf/tableau_de_bord_dalo_2023_-_def.pdf

73 www.vie-publique.fr/loi/20809-loi-du-24-decembre-2019-dorientation-des-mobilites-lom

74 www.anil.org/parole-expert-logement-copropriete-borne-recharge-electrique-droit-prise/

75 securite-sociale-alimentation.org/

aliments, selon des critères qui seraient à définir démocratiquement. Le coût total de cette allocation est estimé à 120 milliards d'euros par an, soit 8 % de la valeur ajoutée nationale.

Cette extension des droits des individus opposables aux pouvoirs publics poserait néanmoins des questions, concernant les conditions juridiques et économiques permettant de les instituer, mais aussi concernant les critères d'ouverture de ces droits aux publics (notamment en termes de revenus).

En complément de droits à accéder à certains biens et services, les individus doivent aussi disposer des informations nécessaires à la satisfaction de leurs besoins. Celles-ci peuvent être de différentes natures : disponibilité des produits et services, coût économique, mais aussi coût social et environnemental, valeurs et raison d'être des entreprises qui les proposent, etc.

Ces dernières années ont été marquées par une explosion des informations à destination des consommateurs : applications, labels, indices, campagnes d'informations, articles de presse, etc. Le risque étant donc d'aboutir à l'effet inverse de celui recherché : des consommateurs qui se sentent perdus, voire rejettent toutes ces informations perçues comme culpabilisatrices et peu opérationnelles.

Là encore, les pouvoirs publics ont un rôle fondamental à jouer en mettant en avant quelques outils simples et utiles. Deux d'entre eux peuvent être cités : l'outil de calcul de l'empreinte carbone individuelle et les indices concernant les produits.

De nombreux outils permettent désormais de calculer son empreinte carbone individuelle, en intégrant un nombre toujours plus grand de paramètres. Le plus fiable est aujourd'hui celui de l'ADEME, Nosgestesclimat.fr. Il donne, en 10 minutes, l'empreinte carbone de notre mode de vie en fonction des différents postes : logement, mobilité, alimentation, équipements, vêtements, loisirs… Une option permet aussi de connaître son empreinte en eau. Le test est accompagné d'un certain nombre d'informations et de conseils pour réduire le bilan carbone de nos pratiques.

En parallèle, différents dispositifs permettent de mieux connaître la qualité et l'impact des produits et services. En 2021, un indice de réparabilité a été instauré pour les équipements électriques et électroniques neufs. Chaque produit obtient une note sur 10 en fonction de cinq critères : la disponibilité de conseils d'entretien et d'utilisation ; la possibilité de démonter ou non le produit ; la durée de disponibilité des pièces détachées ; le prix des pièces détachées ; la réparabilité par rapport à d'autres équipements de la même catégorie.

En 2025, l'indice de réparabilité a été remplacé par un indice de durabilité pour les téléviseurs et les lave-linge, qui sera progressivement étendu à tous les équipements électriques et électroniques[76]. En complément, certains auteurs et certaines associations recommandent de rendre obligatoire les extensions de garantie ou d'allonger la durée des garanties existantes (à 5 voire 10 ans) pour tous ces équipements, voire de les appliquer aux vêtements et aux meubles[77].

Pour les labels, un affichage environnemental est expérimenté depuis 2024 ; il prend en compte cinq types d'impacts : les émissions de gaz à effet de serre ; les atteintes à la biodiversité ; la consommation d'eau et celle d'autres ressources naturelles ; la durabilité ; les effets des pollutions des environnements[78] et des milieux.

Enfin, des analystes proposent d'afficher sur les produits leur prix d'usage, c'est-à-dire le coût total qu'ils représenteront (consommation d'énergie, entretien, réparation...). En règle générale, plus un produit est conçu pour durer longtemps, plus son prix d'usage sera faible, puisqu'il pourra être divisé en un nombre supérieur d'années. Néanmoins, le prix d'usage peut aussi

76 entreprendre.service-public.fr/vosdroits/F38092

77 Chauvin Clément et Fangeat Erwan, « Allongement de la durée de vie des produits », étude pour l'ADEME, février 2016.

78 www.ecologie.gouv.fr/politiques-publiques/affichage-environnemental-vetements

augmenter avec le temps, par exemple pour une voiture, pour laquelle les frais d'entretien et de réparation vont croissant.

Mesure X. Mieux reconnaître les besoins du vivant non-humain, et lui accorder davantage de droits

Repenser les besoins et les droits des individus sera donc indispensable à l'avenir. Mais cette réflexion ne pourra se faire sans prendre en compte également les besoins des écosystèmes dans lesquels nous sommes tous intégrés. Et supposera donc de s'interroger aussi sur les droits que nous pourrions accorder à d'autres entités naturelles, animaux, plantes ou même fleuves.

Depuis une trentaine d'années, en France comme dans d'autres pays, le droit évolue afin de mieux reconnaître les besoins des animaux, des plantes, voire des entités naturelles (fleuves, mers...) et de le traduire en devoirs et responsabilités des humains dans ce domaine. Les animaux sont les principaux bénéficiaires de ces décisions, notamment les animaux domestiques et les animaux d'élevage. Ainsi, depuis 2015 le Code civil considère les animaux comme « des êtres doués de sensibilité ». Et le Parlement a voté en 2021 pour l'interdiction progressive des animaux sauvages dans les cirques et delphinariums, ainsi que la prohibition de la vente de chiots et chatons en animalerie. Les conditions de vie et d'abattage des animaux des élevages sont également de plus en plus encadrées, et l'influence des opinions publiques est désormais déterminante, comme l'a montré le renforcement de la réglementation concernant l'élevage de poules pondeuses en cage[79].

Certains pays accordent aussi désormais des droits ou des personnalités juridiques à des entités naturelles, comme el Mar Menor en Espagne, victime de pollution industrielle, le Gange en

79 www.lesechos.fr/industrie-services/conso-distribution/le-gouvernement-restreint-lelevage-de-poules-en-cage-mais-ne-linterdit-pas-1372959

Inde ou la Loire en France, avec la création d'un Parlement de Loire[80].

Les besoins des autres êtres vivants sont ainsi davantage intégrés dans le fonctionnement de notre société, mais cette prise en compte se heurte encore à différents obstacles :

- La difficulté à arbitrer lorsque les besoins des humains entrent en contradiction avec ceux de certains écosystèmes.
- Les besoins de l'économie restent presque toujours considérés comme supérieurs à ceux des écosystèmes
- La difficulté à estimer les impacts des dégradations des écosystèmes, d'un point de vue économique, mais aussi en intégrant d'autres critères, tels que les impacts sanitaires ou écologiques (comme l'incapacité d'un écosystème à se régénérer avec des détériorations massives).

En réponse à ces obstacles, l'approche One Health est de plus en plus valorisée à l'échelle internationale. Elle consiste à penser les enjeux sanitaires comme un problème global, à l'interface entre la santé des humains, celle des animaux et celle de l'environnement. Les dégradations des écosystèmes (pollutions, pertes de biodiversité…) ont en effet des impacts sur l'état de santé des populations, et il est estimé que 60 % des maladies infectieuses humaines ont une origine animale[81]. Cette approche rappelle donc que préserver l'environnement a toujours des impacts positifs sur les sociétés humaines.

80 Voir www.futuribles.com/chapitre-1-du-rapport-vigie-2023-vivant-de-la-domination-a-la-reconciliation

81 Voir par exemple le rapport de l'association sinonvirgule, Oonehealth : www.ooonehealth.fr

Conclusion

Les clés de la réussite

SORTIR de la société de consommation pour entrer dans celle des besoins et de la suffisance constituerait une rupture fondamentale pour la société française, mais indispensable compte tenu des limites de son fonctionnement actuel. Ce concept devra encore largement être précisé et incarné afin de devenir opérationnel. En particulier, trois conditions de réussite peuvent être identifiées, décrites ici brièvement en guise de conclusion. Sans surprise, ces conditions supposent de mobiliser les trois catégories d'acteurs indispensables au fonctionnement de notre société : les pouvoirs publics (y compris les collectivités et, pour certains sujets, les instances européennes), les acteurs économiques et les citoyens consommateurs.

Éviter la dictature des besoins

Les parties précédentes ont montré le rôle déterminant des pouvoirs publics pour faire évoluer les comportements individuels et le fonctionnement du système économique. Ils doivent en effet a minima orienter les individus et les entreprises et, lorsque cela ne suffit pas, avoir recours à des mesures plus contraignantes, voire à des logiques de planification des ressources.

Pourtant, le fait même de confier aux pouvoirs publics la responsabilité de définir les besoins des individus fait planer le risque d'une « dictature des besoins », pour reprendre l'expression de la philosophe hongroise Ágnes Heller. Ce concept s'appliquait alors à la dictature communiste de l'URSS, mais l'hypothèse d'un État devenu tyran au nom des enjeux écologiques mérite d'être envisagée. Selon Antoine Bueno, la planification des économies et des besoins, dans un contexte de décroissance économique, n'est pas compatible avec la démocratie[1].

Les risques associés à l'instauration d'une société des besoins sont de plusieurs natures.

1. Les politiques et/ou des experts pourraient décider à

1 *Faut-il une dictature verte ?* Paris, Flammarion, 2023.

la place des individus quels sont les niveaux de satisfaction optimaux de leurs besoins, sur la base d'approches statistiques qui ne tiennent pas compte de la variété des situations individuelles. Des travaux ont montré que ce risque existe déjà dans le cadre de politiques publiques ciblées sur certaines populations[2]. Par exemple, l'OCDE publie le *Better Life Index*, un indicateur du « vivre mieux » construit à partir de 11 thèmes considérés comme essentiels au bien-être des individus. Tous les visiteurs du site sont invités à prioriser ces thèmes grâce à une pondération. Ils peuvent ensuite comparer leurs choix avec ceux des 100 000 personnes qui ont déjà fait l'exercice[3]. Les résultats montrent que les dimensions de bien-être jugées prioritaires par les populations peuvent varier selon les pays, l'âge et le genre. Par ailleurs, prendre en compte des réalités individuelles permet de distinguer des choix personnels (par exemple, vivre sans voiture pour des raisons écologiques) de situations subies (ne pas pouvoir se payer une voiture dont on aurait besoin). Tout l'enjeu est donc de trouver un équilibre entre prise en compte de ces spécificités personnelles et besoin de créer des catégories pour y associer des politiques publiques pertinentes.

2. Certaines décisions politiques pourraient être prises en priorisant un besoin au détriment d'un autre, et ce choix risque d'être rejeté par une partie de la population. Par exemple, pendant la crise covid, une partie de l'opinion publique a reproché à Emmanuel Macron de bafouer les libertés individuelles (notamment celle de se déplacer librement, mais aussi le droit à l'éducation) au nom de l'enjeu sanitaire collectif. À l'avenir, des décisions politiques visant par exemple à réduire la consommation de viande rouge pourraient être considérées comme liberticides par une partie de la population, même si elles sont

2 librairie.ademe.fr/ged/9286/ADEME-bien-vivre-cobenefices-sobriete-rapport.pdf

3 www.oecdbetterlifeindex.org/responses

motivées par des préoccupations sanitaires et environnementales. Ces décisions pourraient aussi accélérer l'évolution des valeurs, et conduire à stigmatiser certaines pratiques considérées comme intolérables d'un point de vue sociétal et/ou environnemental.

3. En lien avec le point précédent, il existe un risque de faire porter une responsabilité démesurée à certains publics dans cette transition. Par exemple, en Grande-Bretagne, le Parlement a envisagé, au printemps 2024, d'instaurer une loi interdisant à vie la vente de tabac aux personnes nées après le 1er janvier 2009. Cette loi aurait donc constitué une première étape vers d'autres mesures contraignantes pour les modes de vie au nom d'un enjeu collectif, ici la santé[4]. Elle aurait aussi de fait instauré une discrimination inédite entre ces générations et les suivantes, sans que les premières ne puissent se prononcer. Demain, d'autres interdictions pourraient être envisagées au nom des enjeux environnementaux, par exemple pour les voyages en avion.

4. De manière transverse, le principal risque associé à la société des besoins est bien sûr que les contraintes qu'elle implique soient massivement rejetées, car considérées comme liberticides et injustes. Dans l'enquête ADEME sur la sobriété, 70 % des personnes interrogées se disent d'accord avec l'idée que les politiques publiques doivent donner la priorité à la protection de l'environnement plutôt qu'à la croissance économique. Mais seule la moitié accepterait que des interdictions, des quotas (par exemple pour les voyages en avion) voire des rationnements de certains produits/matériaux soient instaurés pour des raisons environnementales. Il s'agit bien sûr là de mesures beaucoup plus drastiques, et il n'est donc pas surprenant qu'elles soient considérées comme peu désirables. Néanmoins, ce rejet est révélateur de l'ampleur des transformations à opérer en termes d'imaginaires, pour démontrer que la transformation de nos modes de consommation et de

4 www.futuribles.com/a-propos-du-projet-de-loi-generation-sans-tabac-au-royaume-uni

production est indispensable. La crise provoquée par le Covid-19 puis la phase d'inflation résultant de la guerre en Ukraine ont rappelé qu'en l'absence de planification de la transition écologique, le changement risque de nous être imposé par l'extérieur, à chaque fois qu'une nouvelle crise se manifestera.

Comme l'explique la sociologue Mathilde Szuba, au cours du siècle passé, des mesures de restriction ont plusieurs fois été prises, dans les pays européens, pour faire face à des crises. Par exemple, pendant la crise pétrolière de 1973, la consommation d'électricité a été interdite pour la publicité. Selon elle, pour être acceptables, ces mesures ont dû répondre à trois conditions : être justes, justifiées et cohérentes, notamment que les pouvoirs publics imposent aux acteurs économiques des efforts proportionnels à leurs moyens[5]. Or, ce principe de cohérence est globalement peu respecté aujourd'hui, puisque coexistent des mesures coercitives avec d'autres en faveur d'une grande liberté des acteurs.

Le risque de dictature des besoins est donc réel, mais sans doute moins élevé que le risque d'incompréhension d'un certain nombre de mesures politiques qui pourraient être prises à l'avenir au nom de besoins collectifs.

En réponse à ces risques, il paraît évident de rappeler que seul un processus démocratique d'entrée dans la société des besoins permettrait sa mise en œuvre efficace. Ce processus devra être parfaitement équitable pour ne pas reproduire l'effet « gilets jaunes ». À titre d'exemple, un dispositif en deux temps pourrait être instauré. Tout d'abord, des travaux d'expertise pourraient être conduits afin de stabiliser une liste de besoins fondamentaux pour les individus, les sociétés et les écosystèmes. Cette liste pourrait être évolutive et enrichie progressivement en fonction des retours d'expérience des premières années. Pour

---

5 www.radiofrance.fr/franceculture/podcasts/de-cause-a-effets-le-magazine-de-l-environnement/sobriete-une-question-de-survie-et-de-mieux-etre-4840728

chacun de ces besoins, des fourchettes de satisfaction seraient identifiées, à l'image des corridors évoqués précédemment. Le niveau minimum serait déterminé en fonction de différents critères sociaux, économiques et culturels. Le niveau maximum serait davantage lié aux impacts environnementaux, mais aussi aux principes de justice sociale.

Puis, des typologies d'individus, d'entreprises, de filières économiques, de territoires pourraient être constituées afin d'affiner ces niveaux de satisfaction en fonction de différents critères. Des mesures de compensation financière et de subventions devront également être prévues pour les acteurs les plus précaires (par exemple pour l'achat d'un véhicule électrique ou d'une pompe à chaleur par les ménages).

Compte tenu de son ambition et de sa complexité, cette transformation de notre modèle de développement ne pourra être instaurée que de manière progressive, par exemple en commençant par les actions les plus faciles et/ou les publics les plus réceptifs. Dans tous les cas, une partie de ces évolutions devra être instaurée au niveau européen, eu égard au niveau d'imbrication des économies européennes et du poids des réglementations à cette échelle.

Utiliser d'autres indicateurs de prospérité que le PIB

Sortir de la société du toujours plus supposera une transformation profonde des imaginaires, du fonctionnement des sociétés, mais aussi des indicateurs permettant de mesurer la prospérité individuelle et collective. En effet, le bien-être et le dynamisme des sociétés sont désormais principalement estimés à l'aide d'un seul indicateur, le PIB (produit intérieur brut). Créé au début des années 1930 par l'économiste américain Simon Kuznets, le PIB suscite depuis des critiques régulières, y compris de la part de son créateur. Il est en effet devenu l'unique thermomètre permettant de mesurer l'état de santé des sociétés. Or, cet indicateur ne comptabilise que les activités monétaires, et néglige de ce fait plusieurs dimensions fondamentales des sociétés :

- les activités non marchandes, telles que le bénévolat et l'entraide ;
- le partage des richesses produites et les inégalités socio-économiques qui peuvent en résulter ;
- les externalités environnementales et sociales générées par les activités économiques. Par exemple, la majorité des études portant sur l'impact du changement climatique sur les sociétés humaines le mesurent en termes de pertes de points de PIB, comme si ce phénomène ne constituait qu'un manque à gagner pour les économies[6]. Les impacts en termes de qualité de vie, de santé physique et mentale, de dégradation de la biodiversité, ne sont donc pris en compte qu'au travers de cet indicateur, et pas comme des nuisances à part entière.

Autrement dit, le PIB ne mesure que les besoins de l'économie et ses performances économiques, mais pas ses performances sociales et environnementales. En réponse, de multiples indicateurs alternatifs ont déjà été proposés : en 2014, les Nations unies en identifiaient déjà 100[7] ! Mais ces indicateurs n'ont jusqu'à présent pas réussi à s'imposer en complément ou en substitution du PIB. Ce qui n'est guère étonnant puisque le PIB reste un outil au service de la mesure de la croissance économique, et que modifier les indicateurs n'a donc pas tellement de sens tant que l'objectif des sociétés ne sera pas lui-même repensé.

Pourtant, pour réorienter les sociétés vers les besoins des individus et des écosystèmes, il sera indispensable de modifier aussi les indicateurs associés.

D'ailleurs, en France, l'INSEE publie chaque année un bilan

6 Voir par exemple : www.insee.fr/fr/statistiques/8276271?sommaire=8071406

7 librairie.ademe.fr/ged/9286/ADEME-bien-vivre-cobenefices-sobriete-rapport.pdf

sur les « nouveaux indicateurs de richesse », au nombre de 10 : taux d'emploi, effort de recherche, taux d'endettement, espérance de vie sans incapacité, satisfaction dans la vie, inégalités de revenus, pauvreté en conditions de vie, sorties précoces du système scolaire, empreinte carbone et artificialisation des sols[8]. Néanmoins, ces indicateurs restent peu connus et beaucoup moins mobilisés dans les débats publics et politiques que le sacro-saint PIB.

Recourir systématiquement à ces indicateurs (ou d'autres) en complément du PIB aurait pourtant deux avantages majeurs. D'une part, ils permettraient d'inverser la hiérarchie entre besoins de l'économie, besoins des individus et besoins des écosystèmes. Il deviendrait alors possible de sortir de l'objectif de croissance économique perpétuelle pour imaginer d'autres modèles de développement, reposant sur une stabilisation de la création de richesses et sur leur répartition plus équitable. D'autre part, ils permettraient de mesurer concrètement les impacts des systèmes économiques sur l'environnement, et pas seulement pour l'économie elle-même, mais aussi pour les individus et les écosystèmes.

Pour que ces nouveaux indicateurs aient une réelle utilité, il sera cependant nécessaire, en amont, de repenser la notion de valeur dans nos sociétés. Ce concept est en effet le plus souvent réduit à son sens économique alors que, dans la société des besoins, il serait nécessaire d'adopter une définition beaucoup plus large, intégrant les bénéfices mais aussi les coûts sociaux et écologiques tout au long des chaînes de valeur[9]. Et donc reconnaître que celle-ci n'est pas toujours mesurable en argent sonnant et trébuchant quand elle concerne un objet sentimental, des services rendus par un écosystème ou un moment de qualité passé avec des proches.

8 www.insee.fr/fr/statistiques/fichier/3281778/NIR.pdf

9 Sur ce sujet, voir par exemple Blanc Yannick et Baron Xavier, « Le cycle de la valeur et sa mesure dans les services », revue du CRDIA, 2021. URL : crdia.org/les-cahiers-du-crdia/cahier-14-document-1

Repenser les imaginaires et notre rapport à la consommation

Puisqu'une partie de nos besoins et de leurs seuils de satisfaction sont socialement construits, l'une des conditions de réussite les plus fondamentales de l'entrée dans la société des besoins est de repenser en profondeur la place de la consommation dans nos vies.

Actuellement, les individus sont tiraillés entre plusieurs contradictions.

- Ils sont déçus par la société de consommation actuelle, et conscients de ses impacts négatifs, mais ils se sentent également dépassés et ne savent pas comment agir à leur échelle.
- Lorsqu'ils décident d'agir, ils peuvent être mal informés sur les impacts de leurs comportements et leurs marges de manœuvre, ce qui peut être source de frustration ou d'inaction.
- Les enquêtes et les articles de presse consacrés à la « consommation responsable » estiment qu'elle coûte plus cher que les pratiques actuelles. Pourtant, acheter des objets d'occasion, économiser de l'eau et de l'électricité, ou encore adopter un régime végétarien sont autant de pratiques à la fois vertueuses pour l'environnement et qui permettent d'effectuer des économies. Mais ces informations sont souvent mal connues, ou ces pratiques peuvent être considérées comme peu désirables par les consommateurs.
- Comme évoqué au début de cet ouvrage, une très large majorité de Français sont aujourd'hui d'accord avec le fait que la société de consommation constitue un imaginaire nuisible et dépassé. Néanmoins, la plupart d'entre eux continuent à inscrire leurs comportements dans une logique consumériste. En effet, faute d'imaginaires alternatifs, il reste beaucoup plus facile de s'en tenir à celui d'aujourd'hui, en dépit de ses limites. Car c'est là toute

la puissance de la société de consommation, qui a su progressivement s'imposer comme nouveau culte dominant, mais aussi se substituer à des relations interpersonnelles de plus en plus détendues. Dans des sociétés largement sécularisées et individualisées, les biens ont pris la place des liens, mais ne nous apportent plus rien.

Pour être heureux ET sobre, il existe selon Gaël Brulé deux voies. La première consiste à donner la priorité à l'être et aux liens plutôt qu'à l'avoir et aux biens. La deuxième à faire évoluer nos normes sociales, par exemple pour qu'un voyage en train, dans son pays et en camping, soit davantage valorisé socialement qu'un voyage en avion au bout du monde et un séjour dans un palace. Ce sont précisément ces normes qui commencent à évoluer en France, pour certaines pratiques et certains individus. Ainsi, les personnes les moins matérialistes se sentent globalement plus heureuses que les autres, justement parce qu'elles ont fait évoluer leur « logiciel interne » de valeurs.

Dans le Baromètre Sobriétés et Modes de vie de l'ADEME, les trois principales sources du bien vivre au quotidien citées par les Français sont le fait de passer du temps avec leur famille et leurs proches, disposer de temps pour soi et ses loisirs, et pouvoir compter sur des personnes de son entourage. À l'avenir, sortir de la logique consumériste supposera donc que des imaginaires alternatifs suffisamment puissants parviennent à s'imposer.

Cette révolution des imaginaires a déjà commencé, comme l'illustre la diversité des œuvres, des initiatives et des discours en ce sens.

Citons ainsi :

• les fresques du climat, de la biodiversité, des imaginaires…[10] ;

• des collectifs, comme Génération Ecologie, l'Université de la pluralité, Alternatiba, Alter Kapitae…

• des magazines (*Climax*, *Socialter*, *Yggdrasil*…),

• des essais (*Vers la sobriété heureuse*[11], *Ralentir ou périr*[12], *Les Senseï de la décroissance*[13])…

• des œuvres de fiction (les dessins animés de Hayao Miyazaki et des studios Ghibli, le roman *Paresse pour tous* d'Hadrien Klent, *Dans la forêt* de Jean Hegland[14], *Les Choses* de Georges Pérec, paru en… 1965[15]).

Ces nouveaux récits devront permettre de revaloriser toutes les valeurs négligées depuis un siècle en Europe : le lien social, le vivant non humain, le temps, l'expérience et l'épanouissement personnel… Autant de sources de bien-être que nous devrons réapprendre à valoriser et à développer… sans modération !

10 Un récent rapport de l'ADEME recense plusieurs dizaines d'initiatives visant à sensibiliser et accompagner la transformation des comportements : https://librairie.ademe.fr/societe-et-politiques-publiques/6573-mettre-en-oeuvre-des-actions-d-accompagnement-aux-changements-de-comportements.html

11 Rabhi Pierre, éditions Thélème, 2016.

12 Parrique Timothée, *Ralentir ou périr : l'économie de la décroissance*. Paris, Le Seuil, 2022.

13 Malek Gabriel, éditions Payot, 2024.

14 Gallmeister, 2017.

15 Klent Hadrien, Le Tripode, 2021.

Biographie

Cécile Désaunay est directrice d'études à Futuribles, centre indépendant d'études et d'analyses prospectives. Elle analyse depuis une dizaine d'années les évolutions des modes de vie et de la consommation. Elle intervient régulièrement pour présenter les tendances et les perspectives dans ce domaine, et pour aider des organisations publiques et privées à mieux les comprendre. En 2021, elle a publié dans la collection Manifestô *La société de déconsommation, la révolution du vivre mieux en consommant moins*.

manifestô

Des textes « manifestes » qui mettent les nouvelles problématiques environnementales et sociétales
au cœur du débat.

- ***Cradle to Cradle***
  William McDonough / Michael Braungart
- ***Nos enfants nous accuseront***
  Jean-Paul Jaud / Anne-Laure Murier
- ***Terra Madre***
  Carlo Petrini
- ***Changeons de cap, changeons de Pac !***
  José Bové / Gilles Luneau
- ***Vive la COrévolution !***
  Anne-Sophie Novel / Stéphane Riot
- ***L'âge de l'Homme***
  Christian Schwägerl
- ***La métamorphose numérique***
  Sous la direction de Francis Jutand
- ***La vie share***
  Anne-Sophie Novel
- ***Vers un nouveau mode de ville***
  Vidal Benchimol / Stéphanie Lemoine
- ***Ré-enchanter le monde***
  Sous la direction de Marie-Hélène Contal
- ***La ville rebelle***
  Sous la direction de Jana Revedin
- ***Hydrogène : la transition énergétique en marche !***
  Pierre-Étienne Franc / Pascal Mateo
- ***Semences hors-la-loi***
  Blanche Magarinos-Rey
- ***La fleur au fusil***
  George Oxley
- ***L'Upcycle***
  William McDonough / Michael Braungart
- ***L'homme et l'eau***
  Évelyne Ramelet / Évelyne Ramelet
- ***Du jetable au durable***
  Lætitia Vasseur / Samuel Sauvage

manifestô

- ***Grand Paris Express***
  Collectif
- ***Le vent nous portera***
  Jean-Yves Grandidier / Gilles Luneau
- ***Les nouveaux bâtisseurs***
  Vidal Benchimol
- ***La société de déconsommation***
  Cécile Désaunay
- ***Ensemble pour les droits des femmes !***
  Direction d'ouvrage : Dre Guila Clara Kessous et Isabelle Rome
- ***Construire avec l'immatériel***
  Collectif sous la direction de Jana Revedin
- ***L'architecte et l'existant***
  Collectif sous la direction de Jana Revedin
- ***Femina Vox***
  Sous la direction de Guila Clara Kessous

Conception graphique : Bigre !
www.bigre.net
Relecture : Fiona Tromp
Numéro d'édition : 663311

impression/façonnage : Estimprim, France
imprimé sur du Munken Pure d'Arctic Paper 100g/m²
couverture sur Munken Pure 240g/m²
Achevé d'imprimer en août 2025
Dépôt légal : septembre 2025

IMPRIMÉ EN FRANCE, UNION EUROPÉENNE
info@editionsalternatives.com